Mein Sprachspielbuch

Herausgegeben von der Kinder- und Jugendbuchredaktion
des Dudenverlags

Bei allen Verlagen, Rechteinhabern und Autoren möchten wir uns
für die erteilten Abdruckgenehmigungen herzlich bedanken.

Bibliografische Information der Deutschen Nationalbibliothek
Die Deutsche Nationalbibliothek verzeichnet diese Publikation in
der Deutschen Nationalbibliografie; detaillierte bibliografische
Daten sind im Internet über http://dnb.ddb.de abrufbar.

Redaktionelle Leitung: Christina Braun
Lektorat: Karin Bischoff
Autoren: Dr. Sandra Niebuhr-Siebert, Ute Diehl,
Dr. Torsten Andreas, Heike Baake
Mit einem Vorwort von Dr. Ilse Wehrmann
Fachberaterin: Monika Diemer
Herstellung: Cornelia Huber, Claudia Rönsch
Layout: Horst Bachmann
Illustration: Antje Keidies, Martina Theisen (S. 73, 109, 141, 165)
Umschlaggestaltung: Sven Rauska
Satz: Sigrid Hecker, Mannheim
Druck und Bindung: Firmengruppe APPL, Wemding
Printed in Germany

ISBN 978-3-411-73751-2

Duden

Mein Sprachspielbuch

Mit einem Vorwort von Dr. Ilse Wehrmann

Dudenverlag
Mannheim, Leipzig, Wien, Zürich

Inhalt

Vorwort 6

0–1 Jahr

Lauter Laute und Gesichter **9**

Von Kopf bis Fuß 10

Mit allen Sinnen 16

Aufgepasst! 20

Gedächtniskünstler und Tanzbären 24

Lauter Laute 29

Nach den Wörtern greifen 31

1–2 Jahre

Wörtersuppe und Silbensalat **33**

Von Kopf bis Fuß 34

Mit allen Sinnen 40

Aufgepasst! 44

Gedächtniskünstler und Tanzbären 50

Rund um den Mund 56

Lauter Laute 58

Nach den Wörtern greifen 60

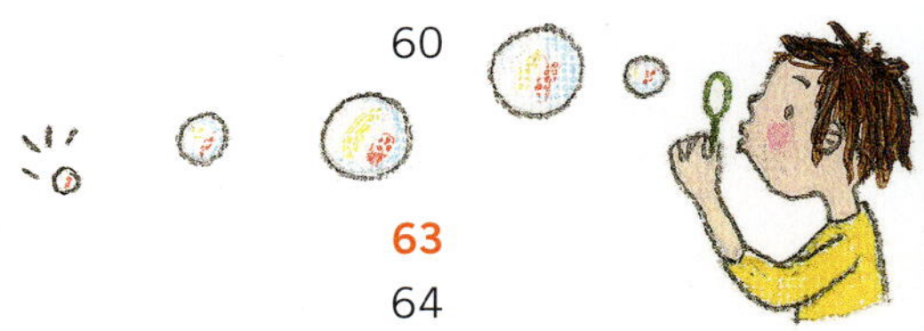

2–3 Jahre

Wörtersammler und Schatzjäger **63**

Von Kopf bis Fuß 64

Mit allen Sinnen 68

Aufgepasst! 72

Gedächtniskünstler und Tanzbären 74

Rund um den Mund 80

Lauter Laute 84

Nach den Wörtern greifen 86

Sätze richtig bilden 90

Erzählmeister 92

Schlaufuchs 94

3–4 Jahre

Warum, warum, warum? 97
Von Kopf bis Fuß 98
Mit allen Sinnen 102
Aufgepasst! 106
Gedächtniskünstler und Tanzbären 110
Rund um den Mund 114
Lauter Laute 118
Nach den Wörtern greifen 120
Sätze richtig bilden 124
Erzählmeister 126
Schlaufuchs 128

4–6 Jahre

Satzbaumeister und Sprachjongleure 131
Von Kopf bis Fuß 132
Mit allen Sinnen 134
Aufgepasst! 138
Gedächtniskünstler und Tanzbären 142
Lauter Laute 146
Nach den Wörtern greifen 152
Sätze richtig bilden 156
Erzählmeister 162
Schlaufuchs 166

Sprachentwicklung bei Kindern 172
Übersicht nach Altersstufen 172
Wie erwirbt Ihr Kind seine Sprache? 176
Die Sprachentwicklung von Anfang an fördern 178
Ein Kind kann mehrere Sprachen beherrschen 180
Sie sorgen sich um die Sprachentwicklung Ihres Kindes? 181

Spieleübersicht 183
Quellenverzeichnis 191

Vorwort

Eine der größten Errungenschaften des Menschen ist die Kommunikation durch Sprache. Voraussetzung dafür ist die Fähigkeit, sprechen zu lernen, um sich mitzuteilen und die anderen verstehen zu können. Dieses Buch will Kinder im Vorschulalter dabei spielerisch unterstützen. Um sein Konzept zu verdeutlichen, lohnt ein kurzer Überblick über die wichtigsten Phasen des Spracherwerbs von frühester Kindheit an.

Kleinkinder lernen das Sprechen nicht mechanisch oder nach bestimmten Regeln, sondern in ständiger Interaktion mit ihrer Umgebung und ihren Bezugspersonen. Der Einstieg in die Sprachentwicklung beginnt bereits unmittelbar nach der Geburt. Viele sind sogar der Meinung, dass dies vor der Geburt der Fall ist, weil Kinder bereits im Mutterleib die Schwingungen und Rhythmen von Lauten wahrnehmen und deshalb durch diese bereits vorgeprägt sind.

Babys im ersten Lebensjahr benötigen Interaktionspartner, um in erste Spracherfahrungen hineinzutauchen und sich diesen hinzugeben. In diesem Stadium sind sie besonders aufgeschlossen für menschliche Gesichter und Stimmen, insbesondere ihrer engsten Bezugspersonen. Schon nach wenigen Wochen ahmen sie deren Mimik nach. Kurze Zeit später reagieren sie auch mit Lauten auf das, was diese vertrauten Personen ihnen sagen. In dieser Phase durchleben ihre Lautwahrnehmungen und -äußerungen eine beachtliche Veränderung: Anfängliches Weinen und Schreien als Ausdrucksformen für unmittelbare Bedürfnisse wie Hunger oder Müdigkeit werden allmählich durch Vokalisation als erste Form der Interaktion zur Bezugsperson ergänzt. Kennzeichnend dafür ist z. B. ein Hin und Her von artikuliertem Singsang, begleitet von lebhaftem Austausch von Mimik und Blicken. Wer jemals ein Baby gewickelt hat, weiß, was ich meine. Mit dieser Form von „Zwiegespräch“ erhalten Kinder in diesem frühen Stadium bereits entscheidende Informationen über die Struktur der Sprache ihrer Familie. Deshalb fördert häufiges Sprechen in der Nähe von Kleinkindern ihren Zugang zur Sprache. Bieten Sie Kindern eine anregende, sprachlich reiche und zur anspruchsvollen Kommunikation animierende Umgebung!

Mittlerweile ist unbestritten, dass Babys am Anfang für die Melodien und lautlichen Gesetzmäßigkeiten aller Sprachen dieser Welt empfänglich sind und dass sich diese Fähigkeit, insbesondere im weiteren Verlauf des ersten Lebensjahres, zunehmend zugunsten derjenigen Sprache einschränkt, die sie um sich herum hören. Das Erstaunliche ist, dass sie die Erfahrungen, die ihnen ihre Bezugspersonen in dieser Zeit mit Sprache vermitteln, z. B. durch deutliche Betonung, überhöhte Stimmlage, kindgerechtes Sprechen, viele Wiederholungen oder Sprachmelodie, später an ihre Kinder weitergeben werden. Es handelt sich hierbei offenbar um einen durch die Evolution vorgegebenen „Generationenvertrag“!

Bereits ab dem zehnten Monat beginnen Kleinkinder, sich anhand eigener wortähnlicher Schöpfungen, den sogenannten „Einwortsätzen“, zu äußern. Gegen Ende des zweiten Lebensjahres haben sie verinnerlicht, wie Äußerungen in ihrer Sprache aufgebaut sind, und sie beginnen, Wörter mit Inhalten zu verbinden. Im dritten Lebensjahr sind Kinder bereits in der Lage, kurze Aussagesätze zu bilden und eigene Urteile zu formulieren. Sie erkennen die Grundprinzipien des Satzbaus, dass sich Verben beugen lassen, dass bei Hauptwörtern Anzahl und Geschlecht berücksichtigt werden müssen und dass es bei Satzkonstruktionen verschiedene Fälle oder eine Vielzahl von Ausnahmen oder Unregelmäßigkeiten gibt.

Um all dies sicher verinnerlichen zu können, brauchen Kinder eine anregende Sprachumgebung, d. h. Menschen, die sich ihnen mit variantenreicher Sprache zuwenden. Denn nur durch Hören, Verarbeiten und Ausprobieren sind sie in der Lage, ihre Sprachkenntnisse zu erweitern.
Und genau hier setzt dieses Buch an: Es bietet Kindern im Vorschulalter eine Fülle an Anregungen, ihre Sprachkenntnisse spielerisch allein, gemeinsam mit anderen Kindern oder mit Erwachsenen zu erweitern und weiterzuentwickeln. Der ausführliche Praxisteil gliedert sich in fünf Kapitel, die sich den Altersstufen von null bis einem Jahr, einem bis zwei Jahren usw. bis zum sechsten Lebensjahr widmen. Jedes dieser Kapitel behandelt verschiedene Förderbereiche wie Körper- und Sinneswahrnehmung, Aufmerksamkeit, Entspannung und Konzentration, Merkfähigkeit und Rhythmus, Mundmotorik, Artikulation, Wortschatz, Grammatik, Erzählen oder Wissen. Diese Förderbereiche sind in den einzelnen Kapiteln alters- und entwicklungsbezogen unterschiedlich gewählt und gewichtet.

Im anschließenden theoretischen Teil werden der kindliche Spracherwerb und die Bedeutung frühkindlicher Sprachförderung in den unterschiedlichen Entwicklungsbereichen von Geburt an beschrieben.

Dieses Buch ist als Spiel- und Hausbuch konzipiert, das Vorschulkinder zu zweit, gemeinsam mit anderen Kindern oder mit ihren Eltern oder anderen Bezugspersonen nutzen können. Es bietet eine Vielzahl an (Such)spielen, Wimmelbildern, Übungen, Reimen, Liedern, Bastelanregungen und viele Überraschungen, die Kinder jeder Altersgruppe dazu anregen, spielerisch und mit viel Spaß ihre Sprachkenntnisse zu erweitern und zu vervollkommnen.
Ich danke allen, die zum Gelingen dieser Publikation beigetragen haben, und wünsche allen Kindern und Erwachsenen viel Spaß mit diesem „Sprachtrainer“.

Dr. Ilse Wehrmann
Sachverständige für Frühpädagogik

0 – 1 Jahr

Lauter Laute und Gesichter

0 – 1 Jahr

Lauter Laute und Gesichter

Kleine Schnecke

KOSESPIEL
2 Mitspieler

Singen Sie den Vers nach der Melodie von Bruder Jakob und laufen Sie dabei mit Zeige- und Mittelfinger am Unterarm Ihres Kindes hinauf bis zur Schulter und wieder hinunter bis zur Handfläche.
Zum Abschluss kitzeln Sie Ihr Kleines am Bäuchlein.

Kleine Schnecke, kleine Schnecke,
kriecht hinauf, kriecht hinauf,
kriecht auch wieder runter,
kriecht auch wieder runter,
kitzelt dich am Bauch,
*kitzelt dich am Bauch.**

Die Babywiege

BEWEGUNGSSPIEL
2 Mitspieler

Sie sitzen bequem auf dem Fußboden und lehnen sich mit dem Rücken an eine Wand. Ihre Knie sind zusammengedrückt und angewinkelt. Ihr Baby liegt in Ihrem Schoß, lehnt mit dem Rücken an Ihren aufgestellten Beinen und schaut mit dem Gesicht zu Ihnen. Nun bewegen Sie die Knie in leichten rhythmischen Bewegungen abwechselnd nach links und rechts. Dazu können Sie das Wiegenlied singen.

1. und 3. La-le-lu,
nur der Mann im Mond schaut zu,
wenn die kleinen Babys schlafen,
drum schlaf auch du.

2. La-le-lu,
vor dem Bettchen steh'n zwei Schuh',
die sind genauso müde,
geh'n jetzt zur Ruh'.
Dann kommt auch der Sandmann,
leis' tritt er ins Haus,
sucht aus seinen Träumen,
die schönsten aus. *(Musik und Text: Heino Gaze)*

Tick, tack

BEWEGUNGSSPIEL
2 Mitspieler

In diesem Spiel ist Ihr Kind das Pendel einer großen alten Standuhr. Halten Sie Ihr Kind unter den Armen mit dem Gesicht zu Ihnen. Nun pendeln Sie es von links nach rechts, erst langsam und weitläufig und dann immer schneller. Ihr Kind wird jauchzen vor Freude!

Große Uhren gehen tick tack, tick tack,
kleine Uhren gehen tick tack, tick tack,
tick tack, tick tack,
und die kleinen Taschenuhren ticke tacke,
ticke tacke, ticke tacke, tick. (Karl Karow)

Wo ist der Daumen?

FINGERSPIEL
2 Mitspieler

Singen Sie das Lied nach der Melodie von „Bruder Jakob“: Zeigen Sie Ihrem Kind zuerst die geschlossene Hand. Dann strecken Sie Ihren Daumen nach außen. Zum Schluss verstecken Sie Ihren Daumen wieder.

TIPP: Bringen Sie auch die anderen Finger ins Spiel.

Wo ist der Daumen, wo ist der Daumen?
Hier ist er, hier ist er!
Guten Tag Herr Daumen, guten Tag Herr Daumen.
*Jetzt ist er wieder weg, jetzt ist er wieder weg.**

Mauserl

KOSESPIEL
2 Mitspieler

Trippeln Sie beim Wickeln mit Ihrem Zeige- und Mittelfinger leicht über das Bäuchlein Ihres Kindes. Halten Sie auf Brusthöhe an und kitzeln es dort.

Es läuft ein Mauserl übers Hauserl,
wo soll's rasten?
Im Pumperkasten. (überliefert)

Pflaumenernte

FINGERSPIEL
2 Mitspieler

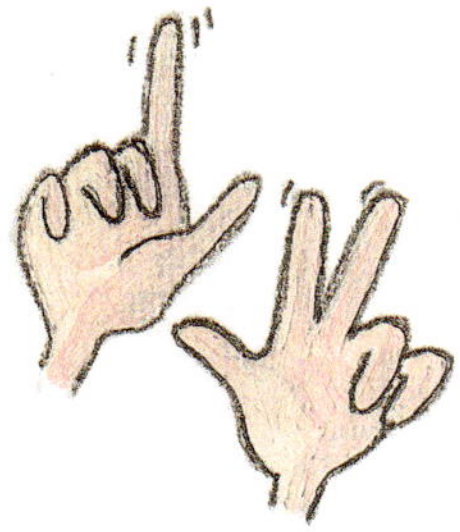

Schütteln Sie zum Spruch nacheinander die Finger Ihres Babys.

Das ist der Daumen,
der schüttelt die Pflaumen,
der liest sie auf,
der trägt sie nach Haus,
und der kleine Schelm isst sie alle auf! (überliefert)

Ins Wasser gefallen

FINGERSPIEL
2 Mitspieler

Halten Sie den genannten Finger kurz fest, beginnen Sie mit dem Daumen.

Der ist ins Wasser gefallen,
der hat ihn herausgezogen,
der hat ihn nach Haus gebracht,
der hat ihn ins Bett gelegt,
und der kleine Spitzbub hat ihn wieder aufgeweckt. (überliefert)

Fünf Männlein

FINGERSPIEL
2 Mitspieler

Fünf Männlein sind auf die Jagd gegangen,
sie wollten einen Hasen fangen.
Der erste, der war so dick wie ein Fass.
Der brummte immer: „Wo ist der Has?"
Der zweite, der schrie: „Hurra! Hurra! Da sitzt er ja! Da sitzt er ja!"
Der dritte, der fing an zu weinen: „Ich sehe keinen, ich sehe keinen!"
Da sprach der vierte: „Das ist mir zu dumm!
Ich kehr wieder um! Ich kehr wieder um!"
Der fünfte aber, der kleinste von allen,
piff, paff, der ließ die Flinte knallen.
Der hat den Hasen nach Haus gebracht.
Da haben alle Leute gelacht. (überliefert)

Die Maus hat rote Röckchen an

BEWEGUNGSSPIEL
2 Mitspieler

Die Beine bzw. Arme Ihres Babys werden umfasst und in entsprechenden Tanz- bzw. Ruderbewegungen bewegt.

Die Maus hat rote Röckchen an,
damit sie besser tanzen kann.
Sie tanzt damit nach Dänemark,
denn Tanzen macht die Beine stark.

Die Maus hat rote Handschuh an,
damit sie besser rudern kann.
Sie rudert bis nach Dänemark,
denn Rudern macht die Arme stark.

(Janosch)

Heile, heile, Kätzchen

TROSTVERS
2 Mitspieler

Nehmen Sie Ihr Kind auf den Schoß, wiegen Sie es leicht und streicheln Sie es dabei am Kopf oder an den Armen. Trösten Sie es mit den Worten des Sprechverses sanft. Bei der letzten Zeile drücken Sie Ihr Kind noch einmal beherzt.

Heile, heile, Kätzchen!
Kätzchen hat vier Tätzchen.
Vier Tätzchen und 'nen langen Schwanz:
Morgen ist alles wieder ganz.

(überliefert)

Die Ziehharmonika

BEWEGUNGSSPIEL
2 Mitspieler

Bei diesem Spiel werden die Hände Ihres Kindes wie bei einer Ziehharmonika bewegt. Setzen Sie sich einander gegenüber. Nehmen Sie dazu beide Arme des Kindes in Ihre Hände:

- Kreuzen Sie die Arme vorsichtig über dem Bauch oder auch der Brust des Kindes.
- Breiten Sie die Arme des Kindes nach beiden Seiten aus.
- Legen Sie die Arme des Kindes seitlich neben den Kopf und danach wieder seitlich neben den Oberkörper des Kindes.

Wiederholen Sie die Bewegungen mehrere Male.

- Nun können Sie in einer Gegenbewegung einen Arm des Kindes nach oben, neben den Kopf führen und gleichzeitig die andere Hand nach unten, neben den Oberkörper bewegen.
- Anschließend geht die obere Hand nach unten, die untere Hand nach oben.

Wiederholen Sie auch diese Bewegungen mehrere Male. Sie können Varianten finden und die Bewegungsreihenfolgen vertauschen.
Kommentieren Sie doch Ihre Bewegungen indem Sie z. B. sagen:

Tipp, tipp, tapp, beweg ich die Ärmchen/Beinchen auf und ab,
rauf und runter und im Kreise,
jede Hand/jeden Fuß auf seine Weise.
Bis ich herzlich lachen muss,
danach krieg ich einen Kuss. *(nach Marianne Austermann u. a.)*

Spaziergang mit Abwechslung

BEWEGUNGSSPIEL
Material: Tragetuch;
2 Mitspieler

Sicher gehen Sie häufig mit Ihrem Baby gemeinsam spazieren. Dabei entdeckt es ganz unterschiedliche Bewegungsabläufe. Tragen Sie Ihr Baby in den ersten Monaten am besten mit einem Tragetuch direkt am Körper. Erproben Sie dabei diverse Gangarten und Bewegungen: Gehen Sie in Ihrem Alltagsschritt, laufen Sie betont wiegend, machen Sie große und kleine Schritte, legen Sie den „Rückwärtsgang" ein oder gehen Sie seitwärts. Drehen Sie sich vorsichtig – mal linksherum, mal rechtsherum – und singen Sie dazu eines Ihrer Lieblingslieder. Falls Sie sich dabei in der Öffentlichkeit etwas albern vorkommen, nehmen Sie einen wenig frequentierten Spazierweg oder gehen Sie durch Ihre Wohnung oder den Garten.

Schlafen und segeln

REIMSPIEL
2 Mitspieler

Diese Reime sind besonders wirkungsvoll, wenn Sie dabei mit Ihrem Kind auf einer Schaukel oder in einer Hängematte sitzen.

Schlaf, Kindchen, schlaf,
dein Vater hüt die Schaf,
deine Mutter schüttelts Bäumelein,
fällt herab ein Träumelein,
schlaf, Kindchen, schlaf. *(überliefert)*

Schaukeln Sie zunächst vorsichtig, während Sie den nächsten Reim sprechen, pusten Sie Ihrem Kind dann über den Kopf. Schaukeln Sie danach mit mehr Schwung. Beim Stichwort „Sturm" pusten Sie kräftig und lassen dann Ihr Kind sanft nach hinten kippen.

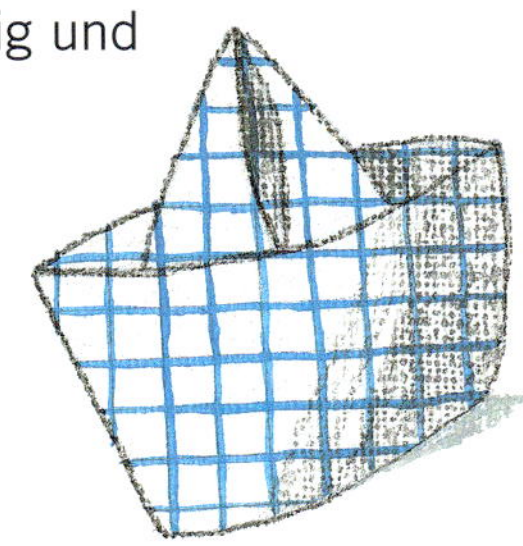

Segelt ein Schiff weit übers Meer,
schaukelt hin und schaukelt her.
Kommt ein kleiner Pustewind,
schaukelt das Schiffchen ganz geschwind.
Der große Pustesturm, oh Schreck,
pustet mein schönes Schiffchen weg. *(Ute Diehl)*

Alle meine Füße

SINGSPIEL
2 Mitspieler

Legen Sie Ihr Baby auf den Wickeltisch und singen Sie das Lied (nach der Melodie von „Alle meine Entchen"). Bewegen Sie seine Füße im Rhythmus und verstecken Sie die Füße schließlich in Ihren Händen.
Plötzlich sind die Füße wieder da und zappeln munter weiter!

Alle meine Füße zappeln im Duett,
zappeln im Duett.
Kommen Mamas (Papas) Hände,
sind sie alle weg! *(Ute Diehl)*

Das Fähnlein

SINGSPIEL
2 Mitspieler

Halten Sie Ihre Arme in die Luft und drehen Sie Ihre Hände – leicht kreisend und schwankend – wie eine Fahne im Wind. Bald wird Ihr Baby versuchen, diese Bewegungen nachzuahmen.

Wie ein Fähnlein auf dem Turme
sich kann drehn bei Wind und Sturme,
so soll sich mein Händchen drehn,
dass es schön ist, anzusehen.

(überliefert)

Treppensteigen

KOSESPIEL
2 Mitspieler

Während Sie diesen Reim sprechen, laufen Sie mit Ihren Fingern am Arm Ihres Babys hoch, zupfen es sanft am Ohr, klopfen dann sacht an seine Stirn und nehmen zum Schluss vorsichtig seine Nasenspitze zwischen Daumen und Zeigefinger.

Kommt ein Mann die Treppe rauf,
klingelt an der Tür,
klopft an.
Guten Tag, Herr Nasemann!

(überliefert)

Heile, heile, Segen

KOSESPIEL
2 Mitspieler

Verreiben Sie in Ihren Händen etwas Babyöl und massieren Sie dann sanft den Rücken Ihres Babys. Dazu passen folgende Reime, die Sie zu den Handbewegungen sprechen oder mit einer einfachen Melodie auch singen können:

Heile, heile, Segen,
drei Tage Regen,
drei Tage Schnee,
nichts tut mehr weh.

Kneten und Zappeln,
Trippeln und Trappeln,
Kreisen und Reiben,
nur das Streicheln soll bleiben!

(überliefert)

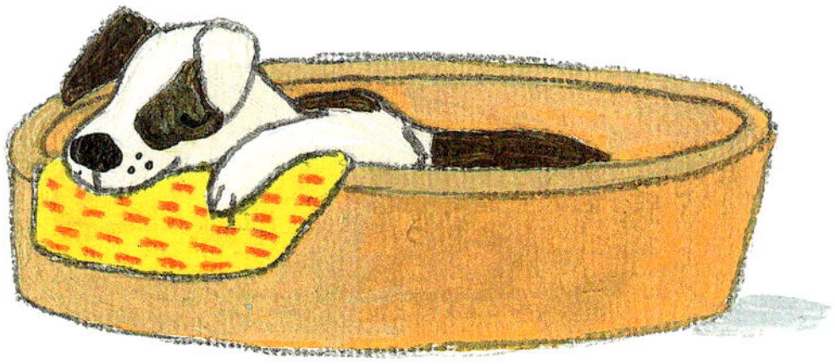

Begreifen

TASTSPIEL

Materialien: Spielzeug, Alltagsgegenstände; 2 Mitspieler

Babys „begreifen“ die Welt ganz direkt: Gegenstände werden in den Mund genommen oder ausgiebig mit den Händen betastet. Wählen Sie ungefährliche Alltagsgegenstände aus und erkunden Sie diese gemeinsam mit Ihrem Kind. Während Ihr Kind danach greift oder versucht, den Gegenstand in den Mund zu stecken, beschreiben Sie ihn: der runde Ball, dein weiches Schnuffeltuch. Den Ball können Sie gleichzeitig auch über den Körper des Babys rollen lassen oder mit dem Schnuffeltuch dem Baby sanft über das Gesicht streichen.

Gesunde Kost

TASTSPIEL

2 Mitspieler

Lesen Sie Ihrem Kind diesen Vers vor und spielen Sie dazu. Legen Sie die einzelnen „Obstsorten“ in die Handfläche Ihres Kindes: Für die Kokosnuss bilden Sie eine Faust, die dicke Melone wird aus zwei Händen geformt. Bilden Sie aus drei, vier Fingern die Zitronen, Äpfel und Pflaumen (denn die sind ja kleiner als die Kokosnuss), die einzeln in die Hand Ihres Babys kullern. Und wenn der „Saft“ fertig ist, rieselt er kitzelnd in die Handfläche. Trommeln Sie dabei sanft mit den Fingerspitzen in die Hand des Babys.

Ich schenk’ dir eine Kokosnuss
und pflück’ noch schnell Melonen.
Dazu kriegst du ’nen dicken Kuss
und eins, zwei, drei Zitronen.
Zwei Äpfel, die sind mit dabei
und viele süße Pflaumen.
Der Saft aus diesem Allerlei
ist lecker für den Gaumen!

(Ute Diehl)

Auf dem Markt

SPRECHVERS
2 Mitspieler

Legen Sie beim ersten Wort dieses Reims den imaginären Taler in die Hand Ihres Kindes und berühren Sie anschließend jeweils beim Zeilenanfang sanft seine Handinnenfläche. Zum Schluss wird die Hand gekitzelt.

Hier hast du einen Taler,
geh auf den Markt,
kauf dir 'ne Kuh
und ein Kälbchen dazu!
Das Kälbchen hat ein Schwänzchen –
dideldideltänzchen!

(überliefert)

Regentröpfchen

SPRECHVERS
2 Mitspieler

„Trommeln" Sie ganz sacht auf den Kopf Ihres Kindes und pusten Sie anschließend als „warmer Wind" diese „Regentropfen" wieder weg.

Nasse Regentröpfchen
fallen auf dein Köpfchen.
Kommt der warme Wind,
trocknen sie geschwind.

(Ute Diehl)

Rissel, rassel, rüssel

REIMSPIEL
2 Mitspieler

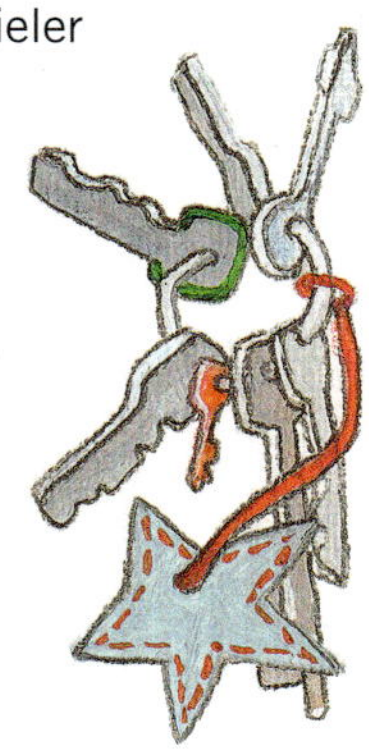

Sie klappern mit Schlüsseln und sprechen dabei den Vers.

Rissel, rassel, rüssel,
wo sind meine Schlüssel?
Rissel, rassel, rund,
sie sind am Schlüsselbund.
Rissel, rassel, roll,
sie tanzen dran wie toll.
Rissel, rassel, raben,
mein Peter soll sie haben. *(Elisabeth Brenner)*

Komm, mein Bärchen

KOSESPIEL
2 Mitspieler

Streicheln und kosen Sie Ihr Kind beim Wickeln und sprechen Sie dabei den Vers. Damit schaffen Sie sich und Ihrem Schatz unvergessliche Momente.

Komm, mein Bärchen,
ich streichle dein Härchen.
Komm, mein Schneckchen,
ich streichle deine Bäckchen.
Komm, mein kleiner Hase,
ich streichle deine Nase.
Komm, mein kleiner Hund,
ich streichle deinen Mund. *(überliefert)*

Das Mäuschen

KOSESPIEL
2 Mitspieler

Laufen Sie mit Zeige- und Mittelfinger über das Bäuchlein und „rütteln“ Sie während der zweiten Zeile des Verses am Näschen Ihres Kindes.

Kommt ein Mäuschen, kommt ein Mäuschen,
macht klingeling, ist wer im Häuschen? *(überliefert)*

So fühlt sich das Tüchlein an

Legen Sie Ihr Baby in einem warmen Raum nackt auf eine Decke. Nehmen Sie ein Seidentüchlein und streicheln Sie Ihrem Kind damit über Gesicht, Arme, Beine und Bauch. Streicheln Sie dann Ihr Kind mit einer Feder. Sprechen Sie währenddessen mit Ihrem Baby: Erzählen Sie ihm, dass das Tüchlein ganz sanft und zart ist.

MASSAGESPIEL

Materialien: warme Decke, Seidentüchlein, Feder; 2 Mitspieler

Guten Morgen, liebes Kindchen

Begleiten Sie mit diesem Lied das morgendliche Aufstehen. Sie können das Lied um weitere Strophen, in denen es um andere Körperteile geht, erweitern (Melodie von „Kommt ein Vogel geflogen").

KOSESPIEL

2 Mitspieler

Guten Morgen, liebe/r … Name des Kindes einsetzen,
hallo, hallo, guten Tag,
kriegst ein Küsschen auf dein Köpfchen,
weil ich dich so gerne mag.

Guten Morgen, liebe/r …,
hallo, hallo, guten Tag,
kriegst ein Küsschen auf dein Näschen,
weil ich dich so gerne mag.

(Birgit Hörner)

Fingerpuppen basteln

FINGERSPIEL

Materialien: ein Stück Stoff – mindestens 25 x 25 cm, Stifte; 2 Mitspieler

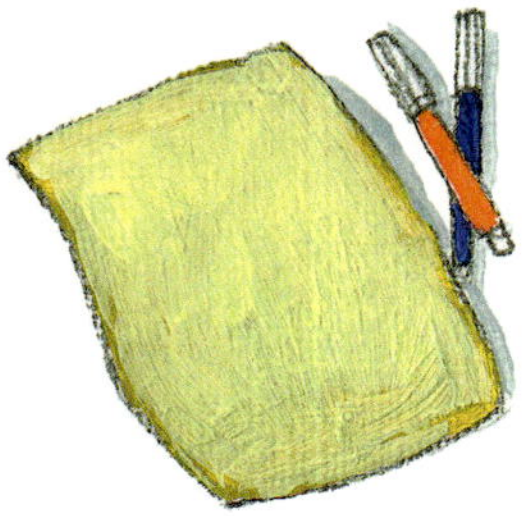

Erzählen Sie Ihrem Kind Geschichten, lesen Sie ihm etwas vor und begleiten Sie alles mit Fingerpuppen. Sie lassen sich sehr einfach herstellen:

Zuerst wird ein Quadrat aus dem Stoff geschnitten, Länge und Breite betragen etwa 25 cm. Anschließend schneiden Sie in der Mitte ein kleines Loch, den „Halsausschnitt". Die Kuppe des Zeigefingers wird bemalt. Sie erhält ein Gesicht und evtl. auch Schal, Mütze, Hut, Fliege etc. Der Stoff wird jetzt über den Zeigefinger gestülpt. Daumen und kleiner Finger bilden die Arme der Puppe.

Auch kleinere Puppen, von denen mehrere gleichzeitig auf einer Hand getragen werden, können Sie sehr leicht herstellen. Schneiden Sie einen Kreis aus dem Stoff (Durchmesser ca. 10 cm) und sehen Sie in der Mitte wiederum ein Loch für den Finger vor. Dieses Kleid hat etwas großzügig Wallendes. Etwas „strenger" wird die Puppe, wenn Sie statt eines Kreises ein 10 x 4 cm großes Stoffstück ausschneiden, die Kante der Längsseite abknicken und dort ein Gummiband einfädeln.
Sie können Ihre Puppen auch mit Kopfschmuck ausstaffieren.

Ballsuche

Lassen Sie einen kleinen Ball (oder einen anderen Gegenstand) von einer Hand in die andere gleiten, der Ball ist zwischendurch immer kurz sichtbar. Dann halten Sie beide Hände geschlossen und fragen sich und Ihr Kind: „Wo ist der Ball?“ Nun öffnen Sie mal die Hand mit Ball, mal die ohne Ball. Zeigen Sie sich überrascht, wenn die Hand leer ist – „Schade, hier ist gar kein Ball!“ – und erfreut, wenn der Ball darin liegt: „Da ist der Ball!“ Auch Ihr Baby wird sich über die leere Hand wundern und strahlen, wenn der Ball plötzlich wieder da ist.

AUFMERKSAMKEITS-SPIEL

Material: kleiner Ball; 2 Mitspieler

Vom Himmel gefallen

Ihr Kind liegt (oder sitzt) auf dem Fußboden neben dem Tisch. Jetzt lassen Sie leichte Gegenstände vom Tisch fallen oder gleiten: ein Tuch, ein Kuscheltier, einen Schwamm. Gespannt und konzentriert wird Ihr Baby auf die nächsten Gegenstände warten.

AUFMERKSAMKEITS-SPIEL

Materialien: Alltagsgegenstände wie Tuch, Schwamm, Kuscheltier, Schal; 2 Mitspieler

Suche im Dunkeln

Dunkeln Sie das Zimmer ab und nehmen Sie Ihr Baby auf den Schoß. Knipsen Sie die Taschenlampe an und lassen Sie den Lichtschein langsam durchs Zimmer gleiten. Suchen Sie nun gemeinsam nach Gegenständen. Fragen Sie z. B.: „Wo ist denn bloß dein Teddybär?“ Und freuen Sie sich mit Ihrem Kind, wenn das Licht ihn gefunden hat. „Da ist ja dein Teddy, er sitzt unter dem Stuhl!“

AUFMERKSAMKEITS-SPIEL

Material: Taschenlampe; 2 Mitspieler

Hoppe, hoppe, Reiter

KNIEREITERSPIEL
2 Mitspieler

Setzen Sie Ihr Kind auf Ihren Schoß, sodass Sie ihm ins Gesicht schauen können. Halten Sie Ihr Kind gut fest! Bewegen Sie Ihre Knie im Takt auf und ab und sprechen Sie dabei den Vers oder Auszüge aus dem Vers. Kinder lieben es besonders, wenn sie zwischendurch vom „Pferd“ fallen, Sie also die Beine öffnen und Ihr Kind zwischen Ihre Beine rutschen lassen, natürlich ohne das Kind dabei loszulassen.

Hoppe, hoppe, Reiter,
wenn er fällt, dann schreit er.
Fällt er in den Graben,
fressen ihn die Raben.
Fällt er in den grünen Klee,
schreit er laut: „O weh, o weh!“
Fällt er in die Hecken,
fressen ihn die Schnecken.
Fällt er in den Sumpf,
tut es einen Plumpf.
Fällt er auf die Steine,
tun ihm weh die Beine.
Fällt er auf die Straße,
läuft ihm die Nase.
Fällt er in das Gras,
wird der Reiter nass.
Fällt er in das Wasser,
wird er immer nasser.
Fällt er in den Strauch,
tut ihm weh der Bauch.
Fällt er in die Wicken,
tut ihm weh der Rücken.
Fällt er auf die Wiese,
kriegt er nasse Füße.
Fällt er in den Sand,
tut ihm weh die Hand.
Und nun, lieber kleiner Reiter,
geht unser Ritt nicht weiter.

(überliefert)

Sonnenkäferfamilie

KOSESPIEL
2 Mitspieler

Singen oder sprechen Sie den Vers und krabbeln Sie während des Refrains mit den Fingern jeweils zuerst den linken Arm, dann den rechten Arm und schließlich am Bauch entlang.

1. *Sie haben rote Röckchen an*
   mit kleinen schwarzen Pünktchen dran.

   Refrain: Erst kommt der Sonnenkäferpapa,
   dann kommt die Sonnenkäfermama
   und hintendrein, ganz klitzeklein,
   die Sonnenkäferkinderlein.

2. *Sie machen ihren Sonntagsgang*
   auf unsrer Gartenbank entlang.

3. *Sie wollen auf die Wiese gehen,*
   wo viele bunte Blumen stehn.

4. *Sie breiten ihre Flügel aus*
   und fliegen ganz geschwind nach Haus.

5. *Und abends geh'n die Käferlein*
   in ihre Käferbetten rein. *(überliefert)*

Kommt 'ne Maus

KOSESPIEL
2 Mitspieler

Kreisen Sie als „Maus“ mit dem Zeigefinger um den Bauchnabel Ihres Kindes. Als „Mücke“ kreisen Sie mit dem Zeigefinger und landen auf dem Näschen. Der „Floh“ zwickt sanft ins Ohr, die Grille kitzelt am Hals.

Kommt 'ne Maus, baut ein Haus.
Kommt 'ne Mücke, baut 'ne Brücke.
Kommt ein Floh, der macht so.
Kommt 'ne Grille, die macht: kille, kille, kille. *(überliefert)*

Pferdchen, lauf doch schneller

KNIEREITERSPIEL
2 Mitspieler

Ihr Kind sitzt auf Ihren Knien und schaut Sie an. Sagen Sie den Vers auf und bewegen Sie dabei die Knie im Takt. Zu Beginn des zweiten Verses sollten Sie mit den Bewegungen langsamer werden. Lassen Sie sich am Schluss mit Ihrem Kind vorsichtig fallen oder bewegen Sie das Kind geführt zu Boden.

Mein Pferdchen, lauf doch schneller, so lauf doch wie der Wind,
damit wir heute Abend schon früh in Holland sind.
Galopp hopp hopp, galopp hopp hopp, schon früh in Holland sind,
galopp hopp hopp, galopp hopp hopp, schon früh in Holland sind.

Das Pferdchen will nicht weiter, es läuft nicht mehr im Trab,
und wirft das kleine Reiterlein einfach ab! *(überliefert)*

Namenpercussion

RHYTHMUSSPIEL
2 Mitspieler

Rufen und klatschen Sie rhythmisch Ihren Namen oder den Namen Ihres Kindes, Sie können dabei mit den Händen und Füßen Ihres Kindes „klatschen“. Unterscheiden Sie lange und kurze Silben, indem Sie die langen Silben lauter klatschen als die kurzen Silben, z. B. die erste Silbe *ma* von *Mama*. Versuchen Sie auch, die langen Silben doppelt so lange zu artikulieren wie die kurzen Silben.

VARIANTE 1: Klatschen Sie abwechselnd in Ihre Hände, auf die Brust, den Bauch, die Wangen und auf die Oberschenkel.

VARIANTE 2: Kombinieren Sie Klatschen und Stampfen der Silben. Stampfen Sie abwechselnd mit einem und mit beiden Beinen auf.

VARIANTE 3: Klatschen Sie gemeinsam mit Ihrem Kind die Silben, die sich wiederholen, z. B. *baba* oder *dudu,* und anschließend einen Namen, wie *Peter* oder *Anna*.

Der Hampelmann

BEWEGUNGSSPIEL

2 Mitspieler

Ihr Kind liegt bequem auf einer Decke. Bewegen Sie nun bei diesem Lied die Arme oder auch den gesamten Körper Ihres Kindes.

(überliefert)

2. Man hängt mich einfach an die Wand
und zieht an einem langen Band,
mal links ...

3. Ich mache stets ein froh' Gesicht,
das Lachen, das vergeht mir nicht,
mal links ...

4. Mein Kopf, der ist so müd' und schwer
vom vielen Hampeln hin und her,
mal links ...

5. Und kommt für mich die Schlafenszeit,
dann bin ich armer Mann befreit,
mal links ...

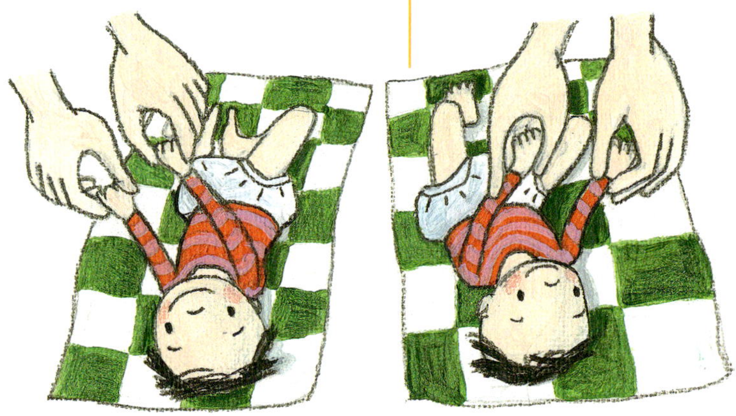

Backe, backe, Kuchen

LIED
2 Mitspieler

Reime, Geschichten und Gedichte, die immer mit den gleichen Handlungen verbunden sind, erhöhen die Merkfähigkeit Ihres Babys. Durch wiederholtes Spielen prägt es sich Rhythmus und Ablauf ein und wird gespannt auf jede weitere Zeile des Reims warten. Hier wird in jeder Zeile der Rhythmus mitgeklatscht, nur nicht in der letzten Zeile. Dann wird nämlich der „Kuchen" mit einer Handbewegung in den „Ofen" geschoben.

Backe, backe, Kuchen,
der Bäcker hat gerufen!
Wer will guten Kuchen machen,
der muss haben sieben Sachen:
Butter und Salz, Eier und Schmalz,
Milch und Mehl,
Safran macht den Kuchen gehl!
Schieb, schieb in Ofen rein. *(überliefert)*

Hören und Sehen

„HÖR"-SPIEL
Materialien: Spielzeugautos, Rassel, Schlüsselbund u. Ä.; 2 Mitspieler

Legen Sie Ihr Baby bäuchlings auf eine Decke. Jetzt können Sie ein Spielzeugauto vor Ihrem Baby hin und her ziehen und die passenden Geräusche dazu machen. Auch wenn das Auto hinter Ihrem Rücken oder dem Rücken des Babys verschwindet, kann man es noch hören. Sie können auch genauso gut eine Rassel benutzen oder Alltagsgegenstände, die Geräusche machen. Ihr Kind wird versuchen, dem Gegenstand mit seinen Augen zu folgen, sich wundern, wenn er verschwindet und sich freuen, wenn er wieder auftaucht. Dieses Spiel wird Ihrem Baby immer wieder Spaß machen!

Kleines Fingerpuppentheater

Erzählen Sie Ihrem Kind Geschichten, lesen Sie ihm etwas vor und begleiten Sie alles mit Fingerpuppen. Am schönsten sind selbst erfundene Geschichten. Üben Sie sich darin, der Fantasie freien Lauf zu lassen und von fliegenden Windmühlen, lächelnden Regenbögen, singenden und tanzenden Bäumen zu erzählen, die kleinen, frechen Zwergen, wunderschönen, unsichtbaren Feen oder einsamen, uralten Königen mit sehr großen Knollennasen begegnen. Zusammen wandern sie zum Schokoladenpuddingfluss und begegnen der geheimnisvollen Meerjungfrau …

FINGERSPIEL
Materialien: selbst gebastelte Fingerpuppen (siehe Seite 22);
Länge der Geschichte: ca. 10 Minuten;
2 Mitspieler

Aiou-Spiel mit zwei Puppen

Geben Sie den Fingerpuppen Namen Ihrer Wahl. Es können Prinzen, Könige, Narren, Seeräuber, Ihr Kind oder auch Sie selbst sein:

Puppe 1 erscheint und fragt: „Wo bist du?“
Puppe 2 taucht auf.
Puppe 1 sagt: „Aahh, hier bist du ja!“
Puppe 2 verschwindet.
Puppe 1 sagt enttäuscht: „Oh!“
Das „O“ wird wie in „noch“ gesprochen.
„Sie ist wieder fort.“
Puppe 2 erscheint wieder.
Puppe 1 sagt: „Ah, da ist sie wieder.“
Sie imitieren Windgeräusche.
Puppe 2 sagt: „Uh, ist das kalt,
ich gehe nach Hause.“
Puppe 2 geht.
Sie tröpfeln Wasser auf Puppe 1.
Puppe 1 sagt: „Ih, ich werde nass,
da gehe ich doch lieber auch.

(Torsten Andreas)

LAUTSPIEL
Materialien: selbst gebastelte Fingerpuppen (siehe Seite 22);
2 Mitspieler

A, E, I, O, U ...

LAUTSPIEL
2 Mitspieler

Babys schauen gebannt auf den Mund, wenn dieser sich bewegt. Beugen Sie sich in einem Abstand von ca. 25 Zentimetern über Ihr Kind und sprechen Sie den Vers überdeutlich vor, denn so sind die Lippenbewegungen für Ihr Kind gut sichtbar.

A, e, i, o, u,
der Mund geht langsam zu.
U, o, i, e, au,
der Mund geht wieder auf. (Sandra Niebuhr-Siebert)

Grimassemo

MIMIKSPIEL
2 Mitspieler

Babys können schon sehr früh emotionale Regungen im Gesicht von anderen erkennen und unterscheiden. Aufgrund sogenannter Spiegelneuronen sind Babys in der Lage, Emotionen im Gesicht nachzuahmen. Lassen Sie sich bei den nachfolgenden Anregungen Zeit bei der Umsetzung.
Die Übung stärkt die Gesichtsmuskulatur, die für das Sprechen gebraucht wird.

Freude Ziehen Sie Ihre Mundwinkel übertrieben deutlich nach oben.
Betrübnis Ziehen Sie Ihre Mundwinkel deutlich nach unten.
Erstaunen Ziehen Sie die Augenbrauen nach oben und formen Sie Ihren Mund zu einem „O“.
Zweifel Pressen Sie Ihre Lippen gerade aufeinander, sodass das Lippenrot nicht mehr zu sehen ist. Ziehen Sie dann Ihren Mund leicht zur Seite und verbinden Sie diese Bewegung mit einem leisen „Hm“.

Meine Hände sind verschwunden

SINGSPIEL
2 Mitspieler

Verstecken Sie Ihre Hände hinter Ihrem Rücken und lassen sie dann wieder auftauchen. Danach decken Sie kurz mit Ihren Händen Ihre Haare, den Mund usw. ab. Dabei wird Ihr Baby auf einzelne Körperteile aufmerksam gemacht.

2. Meine Haare … 3. Mein Mund … 4. Meine Ohren … 5. Meine Nase …

Die wilden Beinchen

BEWEGUNGSSPIEL
2 Mitspieler

Mit diesem Reimspiel können Sie das tägliche Anziehen Ihres Kindes begleiten. Umfassen Sie dabei abwechselnd sein linkes und rechtes Bein. Ducken Sie sich kurz weg, um anschließend wieder aufzutauchen und mit Zeige- und Mittelfinger über das Bäuchlein Ihres Kindes „hinwegzulaufen".

Guten Morgen, ihr Beinchen! Wie heißt ihr denn?
Ich heiße Hampel, ich heiße Strampel,
und das ist Füßchen Übermut, und das ist Füßchen Tunichtgut!

Übermut und Tunichtgut gehen auf die Reise,
patsch, durch alle Sümpfe, nass sind Schuh und Strümpfe;
guckt die Rute um die Eck, laufen sie alle beide weg.

(Paula Dehmel)

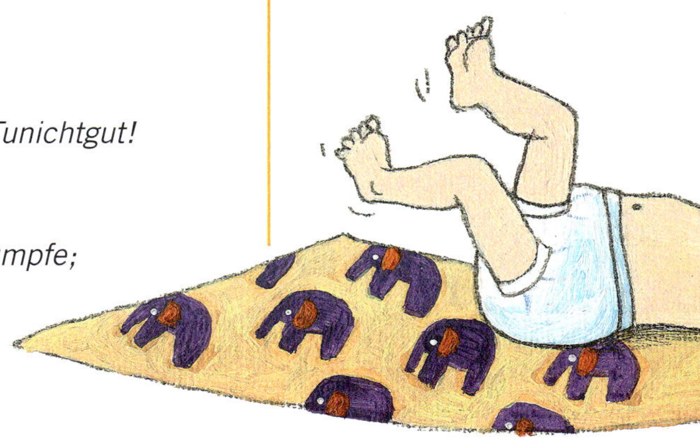

Was Bruno macht

VORLESEN UND MITSPIELEN

2–6 Mitspieler

Schauen Sie sich mit Ihrem Baby an, was Bruno tut, und spielen Sie dies gemeinsam nach: Bellen Sie, schmatzen Sie, schmusen Sie mit ihrem Kind, schließen Sie die Augen und „schlafen“ Sie, spielen Sie mit Ihrem Kind. Zeigen Sie gleichzeitig auf das passende Bild von Bruno. Oder lassen Sie Ihr Baby auf Bruno zeigen und ahmen Sie dann diese Tätigkeiten nach.

1–2 Jahre

Wörtersuppe und Silbensalat

Adam hatte sieben Söhne

TANZSPIEL
2 Mitspieler

Die ersten Zeilen können Sie Ihrem Kind vorsprechen. Die letzten vier Verszeilen lassen sich nach der Melodie: „Brüderchen, komm tanz mit mir" singen. Dabei können Sie zunächst mit dem Zeigefinger Ihr Kind an der Schulter antippen. Fordern Sie Ihr Kind auf, es Ihnen nachzumachen. Mit dem Kopf können Sie dann rhythmisch nicken, mit einem Fuß auftippen und zum Schluss mit den Händen klatschen.

Ich habe sieben Geschwister, und du?

Adam hatte sieben Söhne,
sieben Söhne hatte Adam.
Sie aßen nicht, sie tranken nicht,
sie waren alle liederlich
und machten's so wie ich:
Mit dem Fingerchen tipp, tipp, tipp,
mit dem Köpfchen nick, nick, nick,
mit dem Füßchen trapp, trapp, trapp,
mit den Händchen klapp, klapp, klapp. *(überliefert)*

Guten Morgen, ihr Leute

SPRECHVERS
2 Mitspieler

Begleiten Sie mit dem Vers das morgendliche Anziehen Ihres Kindes.

Guten Morgen, ihr Leute,
was machen wir heute?
Erst anziehn!
Linkes Bein, rechtes Bein,
steigt das Kind ins Höschen ein.
Linker Arm, rechter Arm,
ei, wie ist das Jäckchen warm.
Linker Schuh, rechter Schuh,
und die Mama bindet zu.
So, ihr Leute,
schön bin ich heute.

(Friedrich Hoffmann)

Die alte Schnecke

FINGERSPIEL
2 Mitspieler

Lesen Sie Ihrem Kind den Vers vor. Bilden Sie eine Faust, sie ist das Schneckenhaus. Dann schaut der Daumen als Schnecke zwischen Zeige- und Mittelfinger heraus und wackelt hin und her. Mit Ihrer anderen Faust machen Sie das Gleiche, sodass sich die Daumen „ansehen".

Guck mal, aus dem Schneckenhaus
guckt die alte Schnecke raus.
Kommt der Schneckerich dazu,
und der fragt: Wer bist denn du? *(Christa Zeuch)*

Himpelchen und Pimpelchen

FINGERSPIEL
2–10 Mitspieler

Sprechen Sie den Vers Ihrem Kind vor. Zu Beginn des Verses strecken Sie zunächst beide Fäuste nach vorn, halten Sie dabei die Daumen nach oben. Machen Sie nun Steigebewegungen. Bei „Himpelchen" wackeln Sie mit dem linken Daumen, bei „Pimpelchen" mit dem rechten. Danach wackeln Sie mit beiden Daumen gleichzeitig. Wenn „Himpelchen" und „Pimpelchen" in den Berg kriechen, verstecken Sie die Daumen in Ihren Fäusten und machen dazu Schlaf- und Schnarchgeräusche.

Himpelchen und Pimpelchen,
die gingen auf einen Berg.
Himpelchen war ein Heinzelmann
und Pimpelchen ein Zwerg.
Sie blieben lange da oben sitzen
und wackelten mit den Zipfelmützen.
Doch nach fünfundsiebzig Wochen
sind sie in den Berg gekrochen,
schnarchen dort in guter Ruh',
sitzt mal still und hört mal zu!

(überliefert)

Hindernisparcours

BEWEGUNGSSPIEL

Materialien: Kissen, Schaumstoffmatten, Decken, Knautsch-Bausteine, gefüllte Wärmflasche, Zeitungen, Folie, Glöckchen; 2–6 Mitspieler

Bauen Sie Ihrem Kind eine drei bis vier Meter lange „Straße“, die durch Kissen, Schaumstoffmatten und Decken an den Seiten begrenzt ist. Hindernisse, wie etwa kleinere Kissen, Kissenrollen, (Knautsch-)Bausteine, eine gefüllte Wärmflasche, knisternde Zeitungen oder eine Folie, behindern den Weg. Setzen Sie Ihr Kind auf den „Startpunkt“. Nun kann das Krabbeln durch den Parcours beginnen. Halten Sie am Ende der Straße ein Glöckchen bereit, mit dem Sie klingeln und nach Ihrem Kind rufen.

Zeitungsregen

GESCHICKLICHKEITSSPIEL

Materialien: Decke, Zeitungspapier; 2–6 Mitspieler

Rollen Sie eine Decke zusammen und formen Sie damit einen Kreis. Legen Sie in das Nest Zeitungen hinein, die das Kind mit Händen und Füßen zerreißen darf. Machen Sie mit und ermutigen Sie Ihr Kind, das Papier zu zerreißen. Die kleinen Zeitungsschnipsel können Sie dann als „Regen“ über Ihr Kind fallen lassen. Vielleicht ahmt Ihr Kind Sie nach und lässt auch die Schnipsel herunterregnen.

Der Floh

KOSESPIEL

2 Mitspieler

Sprechen Sie den Vers und zwicken Sie Ihr Kind dabei an verschiedenen Körperstellen. Zum Schluss schütteln Sie Ihrem Kind die Hand.

Es war einmal ein Floh,
der hüpft herum ganz froh.
Und weil er dich so mag,
sagt er Guten Tag! (überliefert)

Morgenwäsche

SPRECHVERS
2 Mitspieler

Viele Kinder wehren sich morgens im Bad mit Händen und Füßen und wollen nicht gewaschen werden. Mit folgendem Sprechvers kann Ihnen die tägliche Morgenwäsche erleichtert werden und Ihrem Kind Spaß machen.

Ei, das ist ein Späßchen,
seifen wir das Näschen,
waschen wir den Mund,
denn waschen ist gesund:
jetzt die Stirn,
die Äuglein,
das ganze Gesicht.
Liebes Büblein (Mädchen), wein doch nicht!
Und jetzt noch die Hände, ei der Daus,
siehst wie frisch gewaschen aus. (überliefert)

Mein Freund, das Kasperle

PUPPENSPIEL
2–4 Mitspieler

Kinder lieben es, von einer Puppe überallhin begleitet zu werden. Hat Ihr Kind z. B. ein Kasperle? Binden Sie es in das Leben Ihres Kindes ein: Morgens weckt es Ihr Kind, es hilft beim Anziehen und versteckt die Socken. Es macht hinter Ihrem Rücken Schabernack. Es lacht und weint mit Ihrem Kind. Es fürchtet sich vor denselben Dingen wie Ihr Kind. Zwischendurch zwickt es Sie oder Ihr Kind, und hin und wieder wird es selbst von „Flöhen“ gepiesackt.

Abendkuss

KOSESPIEL
2 Mitspieler

Ist der Tag vorbei, gibt es ein Gutenacht-Schmatz. Der „Abendkuss“ ist ein ganz besonderer Kuss: Nehmen Sie die Hand Ihres Kindes und pusten Sie so hinein, dass ein trompetendes Geräusch entsteht.

Mit Hochgenuss den Abendkuss
bläst der Elefant auf deine Hand. (überliefert)

Rollball

BEWEGUNGSSPIEL
Material: Ball;
2–6 Mitspieler

Sie sitzen Ihrem Kind auf dem Fußboden gegenüber, am besten in einem Abstand von etwa einem Meter. Grätschen Sie die Beine und rollen Sie sich zunächst den Ball einfach nur abwechselnd zu. Dann machen Sie immer etwas anderes mit dem Ball, bevor Sie ihn losrollen lassen: Sie heben ihn über den Kopf, lassen ihn hinter Ihrem Rücken verschwinden. Mal legen Sie ihn neben Ihr rechtes, mal neben Ihr linkes Bein und erklären dabei immer, was Sie gerade tun.
Bald wird Ihr Kind versuchen, Sie nachzuahmen, und auch den Ball hochheben, zur Seite legen und so weiter.

Erster Fußball

GESCHICKLICHKEITSSPIEL
Materialien: Ball, Stühle;
2–8 Mitspieler

Verteilen Sie in großzügigen Abständen mehrere Hindernisse, z. B. Stühle. Stellen Sie Ihr Kind vor sich und halten Sie es an den Händen, so als wollten Sie ihm beim Laufen helfen. Jetzt geben Sie dem Ball gemeinsam mit den Füßen einen ganz leichten Schubs, damit er rechts an dem ersten Hindernis vorbeirollt. Das nächste Hindernis muss der Ball dann links liegen lassen und so weiter. Wenn er zu viel Schwung bekommt und wegrollt, muss wieder am Anfang des Parcours gestartet werden. Dieses Spiel lässt sich auch wunderbar in einer Gruppe mit mehreren Kindern und Erwachsenen spielen.

Lastenesel

GESCHICKLICHKEITSSPIEL
Material: Kissen oder Kuscheltier;
2–6 Mitspieler

Lassen Sie Ihr Kind mal wieder krabbeln und geben Sie ihm dabei eine Zusatzaufgabe. Legen Sie ihm ein Kissen oder ein Kuscheltier auf den Rücken. Nun muss es versuchen, ein vorher ausgemachtes Ziel (Wand, Tür, Bett oder Schrank) zu erreichen, ohne dass die „Last“ herunterfällt. Dieses Spiel kann auch von mehreren Kindern um die Wette gespielt werden.

Kopfüber

ORIENTIERUNGSSPIEL
2 Mitspieler

Stellen Sie gemeinsam mit Ihrem Kind die Welt einfach mal auf den Kopf! Sie grätschen beide die Beine, beugen sich vor und gucken kopfüber durch die Beine. Wenn Sie sich gegenüberstehen und sich nun gegenseitig ins Gesicht schauen, hat sich scheinbar zunächst nichts geändert. Schließlich stehen Sie ja beide Kopf. Erkundet Ihr Kind nun aber mit seinen Augen den Raum, dann sieht alles plötzlich ganz anders aus: Vom Stuhl, Tisch oder Sessel etwa sieht es in erster Linie die Beine und nicht Sitz und Lehne. Teddybär oder Puppe stehen scheinbar auf dem Kopf. Und wenn Sie selbst – diesmal nicht kopfüber – vor Ihrem Kind in die Hocke gehen, während es durch seine Beine guckt, wird Ihr Kind Ihr Gesicht kopfüber sehen und Sie das Gesicht Ihres Kindes. Und das sieht ziemlich lustig aus!
Sie können Ihr Kind auch an seinen Unterschenkeln fassen und hochheben, sodass es kopfüber vor Ihnen hängt. Dabei können Sie es vorsichtig hin- und herschwingen wie ein großes Uhrpendel und im Rhythmus „tick, tack" sprechen. Danach drehen Sie sich langsam im Kreis und halten mit einem lauten „Dong" wieder inne.

Papierweg

BEWEGUNGSSPIEL
Materialien:
2–4 DIN-A4-Blätter;
2 Mitspieler

Legen Sie zwei DIN-A4-Blätter nebeneinander auf den Fußboden. Ihr Kind stellt sich mit beiden Füßen auf eines der Blätter. Nun legen Sie das zweite Blatt ein Stückchen vor das erste, und Ihr Kind macht einen Schritt auf dieses Blatt. Wiederholen Sie diesen Vorgang, bis Ihr Kind an einem vorher vereinbarten Ziel (Wand, Bett, Schrank) angekommen ist.

VARIANTE: Wenn Ihr Kind schon sicher laufen kann, können Sie das Spiel auch gemeinsam bzw. um die Wette spielen. Dabei legt jeder seine Blätter selbst voreinander.

Vogelnest

FINGERSPIEL
2 Mitspieler

Machen Sie diesen Reim sichtbar: Stützen Sie einen Arm auf den Tisch. Ihr Unterarm ist nun der Baumstamm, Ihre Finger sind die Äste und Ihre Hand ist das Nest. Klettern Sie mit der anderen Hand am „Baum“ hoch, springen Sie von Ast zu Ast und ins Vogelnest. Schließlich fällt Ihre Hand mit einem lauten Klatschgeräusch auf Ihren Oberschenkel.

Steigt ein Büblein auf den Baum,
ei so hoch, man sieht es kaum,
hüpft von Ast zu Ästchen,
schlüpft ins Vogelnestchen.
Ei, da lacht es,
hui, da kracht es,
plumps, da liegt es unten.

(überliefert)

Fingerbahn

FINGERSPIEL
2 Mitspieler

Ihr Kind spreizt seine Finger legt seine Hand auf den Tisch. Umfahren Sie die Finger mit Ihrem rechten oder linken Zeigefinger. Ist die Fahrt zu Ende, klatschen Sie beide in die Hände. Sie können natürlich auch die Rollen wechseln. Dann legen Sie eine Hand auf den Tisch und Ihr Kind umfährt Ihre Finger. Dazu passt folgender Reim:

Rauf und runter,
rauf und runter,
alle Finger sind jetzt munter.

(Ute Diehl)

Rund, weich oder kalt?

Zeigen Sie Ihrem Kind verschiedenartige Gegenstände wie z. B. ein weiches Kuscheltier oder einen runden Ball. Jetzt legen Sie eine Decke über die Gegenstände und bitten Ihr Kind, mit den Händen nach einem ganz bestimmten Gegenstand zu suchen, den Sie genau beschreiben: „Es ist weich, hat Beine und Arme" das Kuscheltier oder „Es ist rund und glatt und kann rollen" der Ball und so weiter. Dieses Spiel lässt sich noch durch viele weitere Gegenstände ergänzen, etwa eine kratzige Bürste, ein (gekochtes) ovales Ei oder eine krumme Banane.

TASTSPIEL
Materialien: ein Tuch und verschiedene Alltagsgegenstände wie z.B. ein weiches Kuscheltier, ein glatter Bauklotz, ein runder Ball, ein kalter Löffel; 2–4 Mitspieler

Nach Hause

Bemalen Sie einen Karton (etwa doppelte Schuhkartongröße) und schneiden Sie in die Längsseite ein großes Tor. Dieser Karton stellt das Zuhause der Kuscheltiere dar. Jetzt werden alle Plüschtiere, die in den Karton passen, im Zimmer verteilt. Diese soll Ihr Kind nun ins Haus bringen, weil sie müde sind und schlafen wollen. Ähnlich lässt sich auch mit Bauklötzen spielen. Schwieriger wird es, wenn nur die blauen oder die roten Klötze nach Hause gebracht werden sollen.

ORIENTIERUNGSSPIEL
Materialien: Karton, Kuscheltiere, Bauklötze, Spielzeugautos u. Ä.; 2 Mitspieler

Mit den runden Bällen kann ich toll spielen!

Holen und Bringen

SPRACHSPIEL
Materialien: tragbare Gegenstände aus der Wohnung;
2 Mitspieler

Gehen Sie ans Regal und holen Sie ein Buch. Ihr Kind bringt es wieder zurück. Gleichzeitig erzählen Sie, was passiert: „Ich hole ein Buch. Und du bringst das Buch zurück.“ Jetzt holt Ihr Kind einen Gegenstand und Sie bringen ihn wieder zurück. Dieses Spiel lässt sich beliebig lange fortsetzen. Schwieriger wird es, wenn beim Zurückbringen rückwärts gelaufen wird.

Geräusche verstecken

„HÖR“-SPIEL
Materialien: CD-Spieler, Kassettenrekorder, Wecker oder Spieluhr;
2 Mitspieler

Verstecken Sie einen Gegenstand im Zimmer, der Geräusche von sich gibt, z. B. einen tickenden Wecker. Lassen Sie Ihr Kind das Versteck suchen, das anfangs noch leicht zu finden sein sollte. Im Lauf der Zeit kann Ihr Kind aber nach immer schwierigeren Verstecken suchen. Wenn Sie einen Kassettenrekorder oder CD-Spieler verstecken, können Sie außerdem die Lautstärke immer weiter reduzieren, sodass Ihr Kind ganz genau hinhören muss.

Jede Menge Knete

Kneten ist eine sinnliche Erfahrung, nicht nur für Kinder. Zudem kann man der Fantasie beim Kneten und Formen freien Lauf lassen. Knete lässt sich leicht selbst herstellen. Die passenden Zutaten finden sich in jedem Haushalt.

Mit diesen Materialien können Sie sich jetzt an die Produktion machen: Vermischen Sie Mehl und Salz in einer großen Schüssel. Lassen Sie das Wasser aufkochen, geben Sie Öl und Farbe dazu und rühren Sie die heiße Flüssigkeit anschließend in das Mehl. Falls die Knetmasse zu trocken ist, können Sie diese durch etwas Öl geschmeidiger machen. Möchten Sie mit unterschiedlich gefärbter Knete arbeiten? Dann können Sie die Menge auch vorab halbieren und bekommen so immerhin zwei verschiedenfarbige Knetmassen. In einer dichten Frischhaltebox hält diese Knete etliche Wochen.

Und jetzt kann das Kneten beginnen! Erste Kunstwerke, die auch schon Ihr Kind formen kann, sind z. B. Schlangen. Kneten Sie die ersten Schlangen gemeinsam mit Ihrem Kind: Legen Sie eine kleine Kugel Knete in seine Hände und umschließen Sie diese mit Ihren Händen. Formen Sie nun gemeinsam durch einfaches Hin- und Herrollen der Knetmasse die ersten Schlangen. Kneten Sie danach eine ganze Schlangenfamilie!
Auch andere Tiere lassen sich formen, und zwar mit einfachen Kugeln: Aus einer großen Kugel wird der Körper, aus vier kleinen Kugeln werden die Beine und aus einer mittelgroßen Kugel wird der Kopf. Schon entstehen Hund, Schwein, Kuh oder ein Fantasietier!
Wenn Sie die Kunstwerke behalten möchten, dann lassen Sie diese einfach an der Luft oder im Backofen (bei niedriger Temperatur) trocknen.

KREATIVSPIEL

Materialien (für eine Menge von rund 1 kg Knete): 400 g Mehl, 200 g Salz, 12 EL Speiseöl, etwa ½ l Wasser, Lebensmittel- oder Ostereierfarben, Frischhalteboxen; 2 – 6 Mitspieler

Deckenrolle

MASSAGESPIEL
Material: Decke;
2 Mitspieler

Breiten Sie auf einem Teppich eine Decke aus und falten Sie diese einmal. Legen Sie Ihr Kind auf den Rand der Decke. Die Arme sind eng am Körper, der Kopf bleibt außerhalb der Decke. Rollen Sie nun Ihr Kind langsam ein und wieder aus. Später können Sie dann auch schneller rollen.

TIPP: Ihr Kind spürt seinen Körper besonders, wenn Sie beim Ein- und Ausrollen über den gesamten Körper des Kindes streichen. Legen Sie dabei die Hände auf die Mitte des Körpers und streichen Sie nun jeweils mit einer Hand nach unten beziehungsweise nach oben. Beim Ein- und Ausrollen kann folgender Vers gesprochen werden.

Rolle, rolle wie die Wolle,
rolle, rolle ein.
Rolle, rolle wie die Maus,
rolle wieder raus.

(Sandra Niebuhr-Siebert)

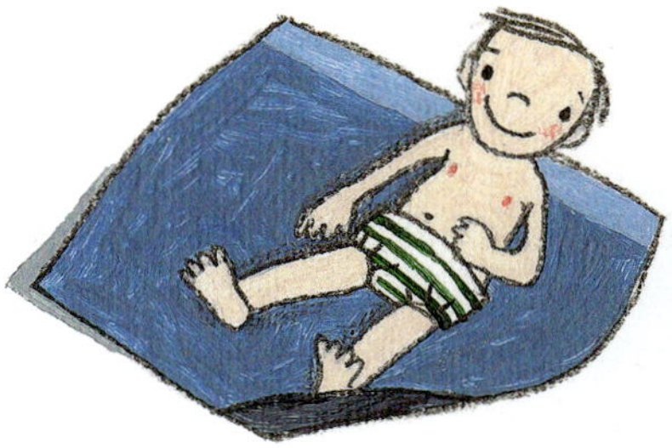

Eine wunderbare Straße

MASSAGESPIEL
Materialien: Igelball, Tennisball, Fußball, Spielzeugauto, Murmel, Flasche, Stein, Bauklotz, Plüschtier usw.;
2 Mitspieler

Ihr Kind liegt in Rückenlage auf einer Decke. So stellt es eine „Straße“ dar. Rollen Sie nun verschiedene „Fahrzeuge“ über den Körper Ihres Kindes. Beginnen Sie an den Armen, fahren Sie dann über den Bauch bis zu den Füßen. Erzählen Sie Ihrem Kind, was gerade über seinen Körper rollt. Wenn Ihr Kind schon etwas älter ist, kann es die Gegenstände selbst erraten.

HINWEIS: Wenn es Ihrem Kind lieber ist, kann es auch auf dem Bauch liegen, und sein Rücken stellt die „Straße“ dar.

Bajuschki baju

(Russisches Volkslied, überliefert, deutscher Text: Helmut Barbe)

2. Schlaf, mein Kind,
ich wieg' dich leise,
bajuschki baju,
singe die Kosakenweise,
bajuschki baju.

3. Märchen werd'
ich dir erzählen,
schlaf in guter Ruh.
Leise schließt du deine Äuglein,
bajuschki baju.

LIED

2–6 Mitspieler

KOSESPIEL
2 Mitspieler

Bauchstreichelreim

Nehmen Sie eine Hand Ihres Kindes in Ihre Hand. Reiben Sie Ihre Hände warm und streichen Sie Ihrem Kind gemeinsam kreisförmig im Uhrzeigersinn über den Bauch. Sprechen Sie dabei diesen Vers:

Wenn ich mir mit meinen Händen
eine Schneckenhausspirale
rund auf meinen Bauch raufmale
spür'n die Hände meinen Bauch,
und mein Bauch spürt meine Hände auch.

(Frederik Vahle)

ENTSPANNUNGS-SPIEL
Material: Decke;
2 Mitspieler

Schifffahrt

Legen Sie Ihr Kind auf eine Decke und halten Sie diese an zwei Zipfeln fest. Dann ziehen Sie Ihr Kind hinter sich her und erzählen dabei diese Geschichte:

Ein Schiff, das lange schon im Hafen liegt und in den Wellen schaukelt, lichtet die Anker und fährt langsam aus dem Hafen hinaus. Es nimmt Kurs auf … hier einen Zielort nennen, *wo es …* nennen Sie hier eine schöne Aktivität *will.*

Zuerst ist die See ganz still, das Schiff liegt ruhig im Wasser. Doch plötzlich kommt ein Sturm auf, die Wellen schlagen hoch, es schaukelt stark, immer höher werden die Wellen.
Schaukeln Sie Ihr Kind immer stärker hin und her.

Doch so plötzlich, wie der Sturm gekommen war, ist er wieder vorbei. Die Fahrt geht weiter, und bald ist Land zu sehen …
Werden Sie immer langsamer in Ihren Bewegungen. Halten Sie dann inne und schauen Sie gemeinsam in Richtung des „Ufers“. Legen Sie dabei die Hand an Ihre Stirn, als würde Sie die Sonne blenden.

(Heike Baake)

Ein Rehlein hilft beim Wehlein

Diese tröstenden Verse helfen Ihrem Kind, seinen Kummer bald zu vergessen.

TROSTVERS

2 Mitspieler

Heile, heile Tiga,
Tiga issn Kriega,
'n Kriega mit viel Mut,
morgen ist alles wieder gut.

Heile, heile Hummel,
Hummel brummt mit Gesummel,
mit Gesummel gelb und blau,
morgen bist du doppelt schlau.

Heile, heile Rehlein,
Rehlein hat ein Wehlein,
ein Wehlein und ganz matte Augen,
morgen wirst du's gar nicht mehr glauben.

Heile, heile Pferdchen,
Pferdchen sitzt am Herdchen,
am Herdchen guckt's in die Flammen,
morgen hält alles wieder zusammen.

Heile, heile Häschen,
Häschen hat ein feuchtes Näschen,
ein Näschen und rollt sich ganz kugelrund,
morgen bist du wieder gesund.

(Dieter Siebert)

Denkt euch nur, der Frosch ist krank

TROSTVERS
2 Mitspieler

Trösten Sie Ihr Kind, wenn es einmal hingefallen ist oder sich wehgetan hat. Halten Sie die gewölbte Hand über die schmerzende Stelle.

Denkt euch nur, der Frosch ist krank,
liegt nur auf der Gartenbank,
quakt nicht mehr, wer weiß wie lang,
ach, wie fehlt mir sein Gesang!
Denkt euch nur, der Frosch ist krank!

Denkt euch nur, der Frosch war krank!
Lag nur auf der Gartenbank,
quakte nicht, wer weiß wie lang,
ach, wie fehlte sein Gesang!
Gesund ist er nun, Gott-sei-Dank!
Quaaak! Quaaak! *(überliefert)*

Nehmen Sie Ihre Hand bei dem Wort „gesund“ langsam weg. Lassen Sie Ihre Hand zum Schluss quakend „davonhüpfen“.

Schattengans

AUFMERKSAMKEITS-SPIEL
2–4 Mitspieler

Erzählen Sie Ihrem Kind von einer Gans, die lustig vor sich hin schnattert. Formen Sie die Gans mit beiden Händen und lassen Sie diese als „Schattengans“ an den Wänden entlanglaufen, dann wandert sie schnatternd aus dem Zimmer. Suchen Sie an den Wänden nach der „ausgebüxten“ Gans.

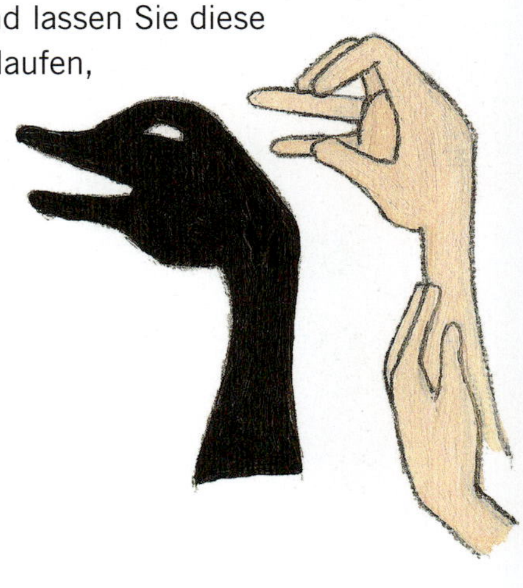

Verschiedene Geräusche

Betrachten Sie mit Ihrem Kind die Illustration. Imitieren Sie die einzelnen Geräusche und deuten Sie dabei auf die passenden Gegenstände. Fragen Sie Ihr Kind nach den einzelnen Geräuschquellen.

Klick, klack Das Mädchen betätigt den Lichtschalter.
Ding, dong Die Wanduhr schlägt.
Tick, tack Die Wanduhr tickt.
Tschike, tschike Die Rassel klappert.
Chrr, chrr Der Hund Bruno schläft.
Brumm, brumm Der Junge spielt mit den Autos.
Klopf, klopf Das Kleinkind klopft auf den Tisch.
Ritsch, ratsch Die Mutter schließt den Reißverschluss ihrer Jacke.

VARIANTE: Imitieren Sie weitere Geräusche und lassen Sie Ihr Kind im Raum den Gegenstand suchen, der dieses Geräusch erzeugen könnte.

„HÖR"-SPIEL
2–4 Mitspieler

Wo kommen die Geräusche her?

Ri-Ra-Rutsche

SINGSPIEL
2 Mitspieler

Singen Sie mit Ihrem Kind den Vers nach der bekannten Melodie von „Ri-Ra-Rutsch! Wir fahren mit der Kutsch.“ Ihr Kind sitzt auf Ihrem Schoß.
Am Ende des Verses lassen Sie Ihr Kind langsam zwischen Ihren Beinen nach unten rutschen.

Ri-Ra-Rutsche!
Wir fahren mit der Kutsche;
wir fahren nur ein Stückchen,
wir fahren übers Brückchen,
doch plötzlich, eins-zwei-drei,
die Brücke bricht entzwei. *(überliefert)*

Meister Koch, Koch, Koch

SPRECHVERS
2 Mitspieler

Sprechen Sie Ihrem Kind den Vers vor. Bei den Wortwiederholungen können Sie zusätzlich mit den Händen klatschen.

Meister Koch, Koch, Koch
fiel ins Loch, Loch, Loch,
aber tief, tief, tief,
und er rief, rief, rief:
„Liebe Frau, Frau, Frau,
das tut weh, au, au!
Zieh mich raus, raus, raus
aus dem Haus, Haus, Haus.

(überliefert)

Kling Töpfchen, klingelingeling

„HÖR“-SPIEL

Materialien: Gegenstände aus der Küche, z. B. Töpfe, Pfannen, Gläser, Teller, Tassen, Besteck, Stühle, Tische etc.; 2–6 Mitspieler

Suchen Sie mit Ihrem Kind in der Küche nach „klingenden“ Gegenständen. Nehmen Sie jeweils einen Löffel in die Hand – am besten aus Holz – und bringen Sie verschiedene Gegenstände, z. B. Töpfe oder Pfannen, rhythmisch zum Klingen.

TIPP: Sie können auch Lieder mit den klingenden Küchengegenständen rhythmisch untermalen, z. B.: „Alle meine Entchen“ oder „Fuchs, du hast die Gans gestohlen“.

Wer ist denn das?

KOSESPIEL

2–4 Mitspieler

Eltern, Geschwister und Kind wechseln sich beim Krabbeln ab. Der Name wird durch den Namen des „Krabblers“ ersetzt.

Kribbelkrabb, wer ist denn das?
Wer krabbelt da auf meine Nas'?
Wer kribbelt mir in meinem Ohr?
Das kommt mir doch recht seltsam vor.
Aha, jetzt fällt es mir schon ein:
Das kann doch nur die Steffi sein. (Christa Zeuch)

Summ, summ, summ

LIED
2–6 Mitspieler

Singen Sie Ihrem Kind dieses Lied vor und tanzen Sie gemeinsam zur Musik.

Summ, summ, summ, Bienchen summ herum!
Ei, wir tun dir nichts zuleide,
flieg nur aus in Wald und Heide!
Summ, summ, summ, Bienchen summ herum!

Summ, summ, summ, Bienchen summ herum!
Such in Blumen, such in Blümchen,
dir ein Tröpfchen, dir ein Krümchen!
Summ, summ, summ, Bienchen, summ herum!

Summ, summ, summ, Bienchen summ herum!
Kehre heim mit reicher Habe,
bau uns manche volle Wabe!
Summ, summ, summ, Bienchen summ herum!

(überliefert)

Frau von Hagen

SPRECHVERS
2 Mitspieler

Sprechen Sie Ihrem Kind den Vers vor.
Dehnen Sie dabei das „A“.

Frau von Hagen,
darf ich's wagen,
Sie zu fragen,
wie viel Kragen
Sie getragen,
als Sie lagen
krank am Magen
im Spital zu Kopenhagen?

(überliefert)

Was müssen das für Bäume sein

Singen Sie Ihrem Kind das Lied vor. Ermutigen Sie es, die entsprechenden Bewegungen mitzumachen: sich also bei dem Wort „großen" zu strecken, bei „links" bzw. „rechts" gemeinsam mit Ihnen zu den entsprechenden Seiten zu zeigen und bei den „Zwischenräumen" mit beiden Händen einen Zwischenraum anzudeuten, indem beide Arme zur Seite ausgestreckt werden.

LIED

2–6 Mitspieler

(Volkslied)

Topfgucker

MERKSPIEL

Materialien: Kochtöpfe, farbige Bauklötze oder Bälle; 2 Mitspieler

Legen Sie unter drei umgedrehte Kochtöpfe je einen roten, einen blauen und einen grünen Bauklotz oder Ball. Fordern Sie nun Ihr Kind auf, den Topf mit dem darunterliegenden grünen Gegenstand umzudrehen. Dazu zeigen Sie ihm gleichzeitig etwas Grünes, damit es die Farbe genau kennt. Später können Sie mehr Töpfe nehmen und Farben ergänzen.

Fingerfarben

SPRACHSPIEL

Materialien: selbstklebendes Papier, Farbstifte; 2 Mitspieler

Bemalen Sie selbstklebendes Papier (z. B. Adressaufkleber) mit verschiedenen Farben und schneiden Sie bunte Kreise aus. Nun kleben Sie die verschiedenfarbigen Punkte auf Ihre Fingerkuppen. Dann schließen Sie Ihre Hand, lassen Ihr Kind auf die Finger zeigen und die Farben raten. Jetzt heben Sie den Finger hoch, sodass der Punkt sichtbar wird. Was für ein Spaß, wenn Ihr Kind den richtigen Finger gefunden hat!

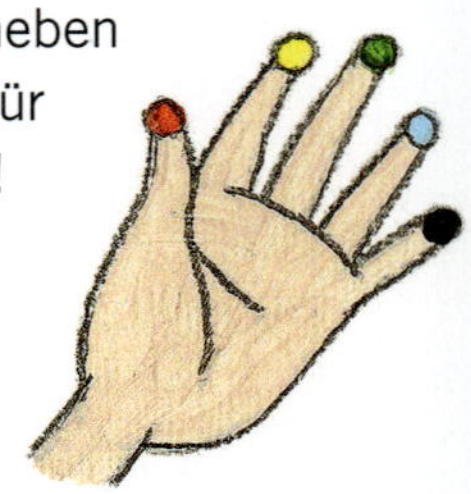

Bruder Jakob

LIED

2–6 Mitspieler

Meister Jakob oder im Original: „Frère Jacques" ist Ihnen bestimmt bekannt. Singen Sie das Lied Ihrem Kind vor und klatschen Sie beim „Bim, bam, bom" in Ihre Hände. Bald wird Ihr Kind das „Bim, bam, bom" mitsingen und mitklatschen. Oder Sie lassen Ihr Kind allein die Glocken nachahmen.

VARIANTE: Lassen Sie einen Teddy den Bruder Jakob sein, den Sie – oder dann auch Ihr Kind – während der ersten Liedzeilen sanft streicheln, um dann beim Glockengeläut neben seinem Ohr zu klatschen.

Bruder Jakob, Bruder Jakob,
schläfst du noch, schläfst du noch,
hörst du nicht die Glocken,
hörst du nicht die Glocken?
Bim, bam, bom,
bim, bam, bom. *(überliefert)*

Gepackte Taschen

MERKSPIEL
Materialien: mehrere Taschen, Alltagsgegenstände, diverse Spielsachen;
2–4 Mitspieler

Legen Sie einzelne Gegenstände in verschiedene Taschen – je einen in jede Tasche. Sie könnten z. B. ein Spielzeugauto in eine Tasche, einen Ball in eine andere Tasche, eine Banane in die dritte Tasche und ein Buch in die vierte Tasche legen. Ihr Kind schaut Ihnen dabei zu. Schließen Sie nun alle Taschen und fragen Sie Ihr Kind z. B.: „Wo ist der Ball?“

Loben Sie Ihr Kind, wenn es sich für die richtige Tasche entschieden hat, und ermuntern Sie es, weiterzuüberlegen, wenn es die falsche Tasche ausgewählt hat.

Tanz mit dem Bären

TANZSPIEL
Material: Teddybär;
2–8 Mitspieler

Halten Sie einen Teddybären (oder ein anderes Kuscheltier mit beweglichen Gliedern) vor sich und bewegen Sie ihn passend zum Vers. Ihr Kind ahmt dann diese Bewegungen nach. Passend zur letzten Zeile wird in die Hände geklatscht. Das Spiel können Sie allein mit Ihrem Kind spielen, es macht aber mit mehreren Kindern viel mehr Spaß!

Teddybär, dreh dich um, dreh dich um.
Teddybär, mach dich krumm, mach dich krumm.
Teddybär, wink mir zu, wink mir zu.
Teddybär, zeig den Schuh, zeig den Schuh.
Teddybär, heb dein Bein, heb dein Bein.
Teddybär, das ist fein, das ist fein! *

Knopfspiel

LIPPENSPIEL
Materialien: 1–2 Knöpfe in der Größe einer 20-Cent-Münze oder größer; 1 Band, etwa 20 cm lang und reißfest; 2 Mitspieler

Binden Sie zuerst einen Knopf an ein reißfestes Band. Versichern Sie sich, dass sich der Knopf beim Ziehen nicht vom Band löst. Ihr Kind nimmt einen Knopf hochstehend zwischen Schneidezähne und Lippen, also vor die Zähne und hinter die Lippen. Der Knopf sollte nur mit der Kraft der Lippen festgehalten werden. Ziehen Sie nun vorsichtig mit einer Hand an der Schnur, bis Ihr Kind den Knopf nicht mehr halten kann und dieser aus dem Mund springt. Sie können den Knopf vorsichtig und langsam oder mit leichtem Schwung aus dem Mund ziehen. Damit der Knopf nicht verschluckt werden kann, sollten Sie Ihr Kind bei diesem Spiel nie allein lassen.

Brummen und summen

SPRECHSPIEL
2 Mitspieler

Sie bekommen Ihr Kind einfach nicht ruhig? Dann machen Sie zusammen doch mal richtig Rabatz. Ihr Kind trainiert damit die Stimm- und Sprechmuskulatur und kann sich dabei richtig austoben: Brummen Sie gemeinsam wie Bären, summen Sie wie Bienen oder keifen Sie wie Affen.

Die Bären brummen,
die Bienen summen,
die Katzen miauen,
es krächzen die Pfauen.
Die Mäuse pfeifen,
die Affen keifen,
die Löwen brüllen,
es wiehern die Füllen.
Die Tauben gurren,
die Hunde knurren,
die Störche klappern,
die Kinder plappern.
Und ginge das nicht in einem fort,
kämen die Fische auch zu Wort.

(Josef Guggenmos)

Mundmassage

Haben Sie schon mal den Mund Ihres Kindes massiert? Eine Mundmassage ist für Sie und Ihr Kind eine spannende Erfahrung und eine wichtige Voraussetzung für eine gute Aussprache.

MASSAGEANREGUNGEN: Machen Sie es sich zusammen mit Ihrem Kind bequem. Nehmen Sie zu Beginn eine Zahnbürste mit größeren Gumminoppen und streichen Sie damit langsam von außen um Wangen und Lippen Ihres Kindes. Hat sich Ihr Kind an das Gefühl gewöhnt, können Sie mit der Bürste vorsichtig und spielerisch den Mundraum erforschen: Beginnen Sie mit der Zungenspitze, den Zungenrändern und dem Zungenrücken. Der Zungenrücken lässt sich sehr gut mit sanften, kreisenden Bewegungen massieren.

Danach können Sie die Wangeninnenseiten, die Zahnreihen und den vorderen Gaumen kreisend und sanft massieren. Verändern Sie während der Massage den Massagedruck und verwenden Sie nun auch andere Massagematerialien, z. B. eine Zahnbürste mit Borsten. Vorsicht, es kann kitzelig werden!
Sie können zur Erkundung des Mundinnenraumes, besonders der Zunge, auch ein in Wasser oder in Zitronensaft getränktes Wattestäbchen zur Massage nehmen.

MASSAGESPIEL

Materialien: Zahnbürsten mit (weichen) Borsten und unterschiedlich großen Gumminoppen, 1–2 Wattestäbchen in Zitrone getränkt, 1–2 Wattestäbchen in Wasser getränkt und eisgekühlt; 2 Mitspieler

Bilder hauchen

Stellen Sie sich mit Ihrem Kind vor einen Spiegel oder vor eine Fensterscheibe. Hauchen Sie gemeinsam lustige Figuren. Anschließend können Sie mit den Fingern die Hauchbilder nachbessern.

ATEMSPIEL

2–6 Mitspieler

Eine kleine Dickmadam

ABZÄHLVERS
2–6 Mitspieler

Abzählverse begleiten Ihr Kind durch die gesamte Kindheit. Am Anfang machen Sie Kindern einfach nur Freude damit. Wenn Sie einen Abzählvers häufig aufsagen, wird Ihr Kind ihn bald nachsprechen.
Später können Abzählverse genutzt werden, um spielerisch auszuknobeln, wer mit einem Spiel anfangen darf.

Eine kleine Dickmadam
fuhr mit einer Eisenbahn.
Eisenbahn, die krachte,
Dickmadam, die lachte.
I, a, u,
aus bist du! *(überliefert)*

Mein Schatz macht Rabatz

KOSESPIEL
2 Mitspieler

Diesen Vers können Sie einfach einmal zwischendurch aufsagen – zum Liebhaben oder um einen Kuss zu verschenken.

Radippen raduppen,
rapippel di puppen,
mein Schatz macht Rabatz
und kriegt einen
SCHMATZ! *(Christa Zeuch)*

Ene mene mink mank

ABZÄHLVERS
2–6 Mitspieler

Je verrückter Abzählverse klingen, desto mehr Spaß haben Kinder daran. Auch mit diesem Vers können Sie spielerisch ausknobeln, wer anfangen darf.

Ene mene mink mank, pink pank,
use duse acke backe,
eia weia weg. *(überliefert)*

Annchen, Dannchen

Kinder lieben lustige Abzählverse. Sprechen Sie Ihrem Kind den Vers langsam und rhythmisch vor. Kitzeln Sie es am Ende des Verses.

Annchen, Dannchen, Dittchen, Dattchen,
teber de beber de bittchen battchen,
teber de beber de bu, ab bist du. (überliefert)

ABZÄHLVERS
2–6 Mitspieler

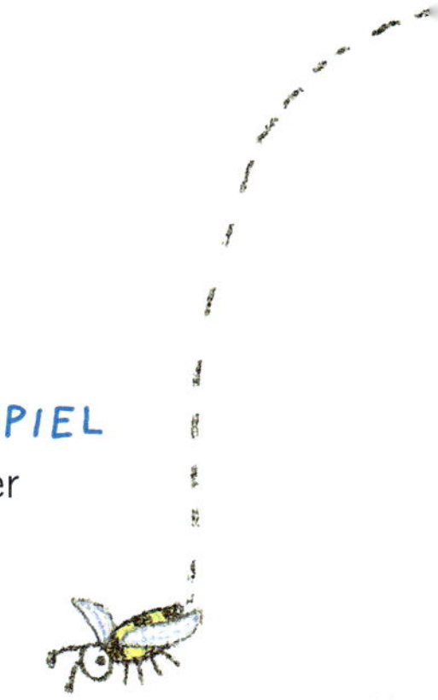

Geräusche

Dieses Spiel eignet sich als Kniereiter. Sie können das Tempo, die Lautstärke und die Tonhöhe der einzelnen Geräusche variieren, Töne anschwellen oder auch abklingen lassen. Wenn Sie möchten, können Sie auch die Vokale der Geräusche variieren und statt „brumm“ beispielsweise „bromm“, „bramm“, „bremm“ oder „brimm“ einsetzen. In der vorletzten Zeile nennen Sie den Namen Ihres Kindes. Am Schluss macht Ihr Kind ein beliebiges Geräusch.

„HÖR“-SPIEL
2 Mitspieler

Der große Laster macht bru-um, bru-um.
Papis/Mamis Auto macht brumm, brumm.
Die kleine Biene macht summ, summ.
Der Wecker macht ring, ring.
Die schwere Kirchenglocke klingt bimm, bimm
und hier der/die kleine …
der/die macht ganz laut …

(nach Raimund Pousset)

Einen Löffel für die Wippelmaus

SPRECHVERS
2 Mitspieler

Nutzen Sie die Zeit des täglichen Fütterns, um mit Ihrem Kind zu sprechen. Mit Brei gefüllte Löffel, die für Oma oder Opa bestimmt waren, kennen Sie sicher noch aus Ihrer eigenen Kindheit. Auch dieser Vers wird Ihrem Kind während des Essens Freude machen, vor allem dann, wenn es gerade damit beginnt, den Löffel selbst in den Mund zu jonglieren.

Einen Löffel
für die Wippelmaus.
Einen Löffel für das ganze Haus.

Einen Löffel
für das Häschen auf dem Tisch.
Einen Löffel für den dicken Badefisch.

Einen Löffel
für das Schmusekätzchen.
Einen Löffel für das Puppenschätzchen.

Einen Löffel
für die gute Anneli.
Einen Löffel für die Ente Wackeli.

Einen Löffel
für den Kirchturmhahn.
Einen Löffel für die Eisenbahn.

Einen Löffel
für das Krokodil,
das ist nicht zu viel.

(Hans Debray)

Welches Tier ist das?

ERZÄHLSPIEL
2 Mitspieler

Nehmen Sie Ihr Kind auf den Schoß, sodass Sie beide das Bild im Buch anschauen können. Erzählen Sie Ihrem Kind vom Leben auf dem Bauernhof. Zeigen Sie auf einzelne Tiere auf dem Bild und erzählen Sie, welche Laute die einzelnen Tiere von sich geben, z. B.: „Der Hund bellt, er macht wau, wau." Erzählen Sie auch, was die einzelnen Tiere fressen. Nehmen Sie während des Erzählens den Zeigefinger Ihres Kindes und führen Sie diesen zur jeweiligen Abbildung des Tieres, so lenken Sie die Aufmerksamkeit Ihres Kindes auf das von Ihnen besprochene Tier. Während Sie Ihrem Kind etwas über das Tier erzählen, können Sie gemeinsam das Tier mit dem Zeigefinger umfahren. Wiederholen Sie häufig, durch welche Laute sich ein Tier äußert und was es frisst.

Fragen Sie Ihr Kind danach, wo sich ein Tier befindet: „Wo ist die Katze?" oder „Wo sitzt die Katze?". Sie können Ihr Kind auch auffordern, Ihnen ein Tier zu zeigen: „Zeig mir die Katze!" Sobald Ihr Kind selbst spricht, können Sie es fragen, wie ein Tier heißt, durch welche Laute es sich äußert und was es frisst.

Nutzen Sie auch die Möglichkeit, zusammen mit Ihrem Kind einen Bauernhof oder Zoo zu besuchen. Lassen Sie Ihr Kind die Tiere spüren, hören und riechen. Vielleicht ist es auch möglich, dass Ihr Kind das Futter der Tiere anfassen darf.

Bruno im Wald

VORLESEN UND MITSPIELEN
2–6 Mitspieler

Lesen und „spielen“ Sie diese Geschichte. Zeigen Sie auf den Vogel, pfeifen Sie wie ein Vogel, schütteln Sie sich wie ein nasser Hund oder bellen Sie. Lassen Sie Ihr Kind die einzelnen Protagonisten entdecken und selbst die Geräusche nachahmen. Außerdem: Welches Eis ist rot, welches grün usw.?

Lisa, Jan, Anna, Mama, Papa und Bruno gehen spazieren. „Guck mal, da oben, ein Vogel“, ruft Lisa und zeigt auf einen Ast. Der kleine Vogel schaut herab und piepst ganz laut. „Bestimmt hat er Angst vor Bruno“, sagt Jan. Aber Bruno sieht gar nicht nach dem Vogel. Er hat nämlich einen kleinen Bach entdeckt und – schwups – schon springt er ins Wasser. Papa wirft einen Stock hinterher und Bruno – platsch, platsch – tappst durch das Wasser. Er schnappt mit seinem Maul nach dem Stock. Stolz bringt er ihn zu Papa. Dann schüttelt er sich kräftig. Nun ist Papas Hose ganz nass. Lisa, Jan und Mama lachen. Auch Anna quietscht vor Freude in ihrem Kinderwagen.

Sie kommen an einer Wiese vorbei. „Oh, so viele Kühe“, ruft Lisa. Eine Kuh kommt ganz dicht an den Zaun. „Muuuhh“ macht sie ganz langsam und so laut, dass Bruno vor Angst wegspringt und ganz erschrocken bellt. Mama lacht. „Unser mutiger Bruno!“ Jetzt brummt die Kuh noch einmal „muuuhh“, dreht sich langsam um und geht zurück zu den anderen Kühen. „Bestimmt erzählt sie ihnen jetzt von Bruno“, meint Lisa. „Klar“, ruft Jan, „sie sagt: „Muuuhh, muuuhh!“

Nun stehen sie an einer Straße. Jan hält Bruno an der Leine. „Halt ihn gut fest, damit er nicht auf die Straße läuft“, sagt Papa. Da rast auch schon – „brrrrummm, brrrrummm“ – ein Motorrad an ihnen vorbei. Und von der anderen Seite kommt – „tucker, tucker“ – ein Traktor. Dann ist die Straße frei, und sie gehen auf die andere Seite. „Da hinten gibt es Eis“, ruft Lisa und zeigt auf ein Eiscafé. Jeder bekommt eine Kugel: Mama rotes Himbeereis, Papa grünes Pistazieneis, Lisa gelbes Zitroneneis und Jan braunes Schokoladeneis. Nur Anna bekommt kein Eis, sie ist inzwischen eingeschlafen. Aber für Bruno gibt es von jedem ein Stückchen Waffel. Da schmatzt er ganz laut!

(Ute Diehl)

2 – 3 Jahre

Wörtersammler und Schatzjäger

Wo sitzt die Fliege?

TASTSPIEL
Materialien: Wattestäbchen, Feder;
2 Mitspieler

Ihr Kind sitzt mit geschlossenen Augen vor Ihnen. Mit einem Wattestäbchen oder einer Feder berühren Sie es sanft im Gesicht, z. B. auf der Nase oder am Ohr, auf der Stirn oder auf den Lippen. Ihr Kind muss nun angeben, wo die „Fliege" gesessen hat, indem es beispielsweise sagt: „Die Fliege hat auf meiner Nase gesessen." Es reicht zunächst auch, wenn Ihr Kind einfach nur mit dem Finger auf die Stelle zeigt, auf der die Fliege gesessen hat.

Eine Hand über der anderen

KOORDINATIONS-SPIEL
2–6 Mitspieler

Eine Hand Ihres Kindes liegt flach auf dem Tisch. Sie legen Ihre Hand darüber. Nun legt Ihr Kind seine andere Hand darauf und Sie wieder Ihre, sodass alle vier Hände einen Turm bilden. Nun zieht Ihr Kind seine zuunterst liegende Hand heraus und legt sie oben auf den Händeturm. Das Herausziehen und Legen wird immer schneller und schneller, bis der Händeturm letztlich „einstürzt". Zu diesem Spiel können Sie Silben oder kleine Reime sprechen, wie z. B.:

O mise mase maas, was ich zuvor besaß,
o malla mirra mooren, das habe ich verloren.
O maxi murxi muchen, da fang ich an zu suchen.
O melle mulle mall, ich suche überall.
O muckte mickte meckt – ein Kobold hat's versteckt!
O mure maure mer. Ich sprach: „Gib's wieder her!"
O monne minne menn, er fragt: „Was willst du denn?"
O mohme mahme mien, da sagte ich zu ihm:
„O mise mause maas, was ich zuvor besaß,
o malla mirra mooren, das habe ich verloren."

(Michael Ende)

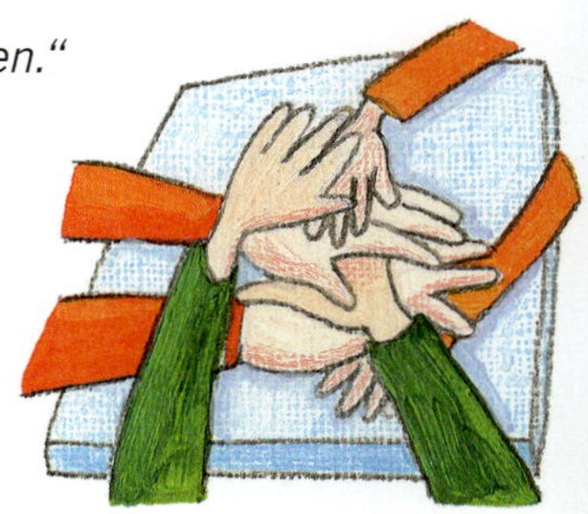

Neugierige Igelchen

Basteln Sie mit Ihrem Kind einen Igel aus Karton mit gezackter Drehscheibe, die die Beine des Igels darstellt.

Gehen Sie folgendermaßen vor: Schneiden Sie aus Pappe einen Igel und ein kleines Zahnrad mit acht stumpfen Zähnen. Der Igel kann von Ihrem Kind schön bemalt werden. Stechen Sie z. B. mit der Spitze einer Nagelschere ein Loch in den Pappigel und in die Scheibe, am besten auf Höhe des Igelbauches. Legen Sie das Zahnrad hinter den Igel Loch auf Loch. Befestigen Sie Igel und Zahnrad mit einer Musterklammer. So wird der Igel beweglich und kann richtig „laufen".

Nun kann der Igel langsam über den Körper Ihres Kindes wandern. Erst über den linken Arm zum rechten, dann zur Brust, zum Bauch und zu den Beinen. Wenn sich Ihr Kind umdreht, kann der Igel auf dem Rücken seine Reise fortsetzen.
Ihr Kind nimmt bei diesem Spiel seinen Körper und seine einzelnen Körperteile wahr.

MASSAGESPIEL

Materialien: Pappe A4, eine Musterklammer, Buntstifte oder Wasserfarben, eine Schere; 2 Mitspieler

Fußangel

GESCHICKLICHKEITSSPIEL
Materialien: Eimer oder große Schüssel, Gegenstände zum Angeln, z. B. Kuscheltiere, Bälle, Bauklötze, Buntstifte oder Schmusetuch;
2–6 Mitspieler

In einer Schüssel oder einem Eimer befinden sich verschiedene Gegenstände. Aufgabe ist es, in einer bestimmten Zeit möglichst viele Gegenstände zu angeln – und zwar nur mit den nackten Zehen beziehungsweise mit beiden Füßen gemeinsam. Es ist schon erstaunlich, wie beweglich Füße sein können! Das Spiel lässt sich allein mit Ihrem Kind spielen, es eignet sich aber auch für eine Kindergruppe – z. B. auf einer Geburtstagsfeier.

Balancieren

GESCHICKLICHKEITSSPIEL
Materialien: z. B. ein Seil, eine Teppichkante, ein Bordstein oder ein liegender Baumstamm;
2–6 Mitspieler

Balancieren kann man an ganz verschiedenen Orten, in der Natur und auch in der Wohnung. Hier kann man sogar barfuß balancieren, das verstärkt das Gleichgewichtsgefühl. Für „Balanceakte" in der Wohnung können Sie ein dickes Seil verwenden. Legen Sie es gerade auf den Fußboden. Balancieren Sie darauf mit ausgestreckten Armen oder nehmen Sie einen Stock oder Stiel zu Hilfe. Dann darf Ihr Kind übers Seil gehen. Später wird das Seil in Kurven gelegt, da fällt das Balancieren schon etwas schwerer. Noch anspruchsvoller wird es, wenn Sie versuchen, rückwärtszugehen. Anfangs wird es nicht einfach sein, das Gleichgewicht zu halten. Aber nach und nach wird der Gleichgewichtssinn trainiert und das Ende des Seils erfolgreich erreicht.
Statt auf dem Seil können Sie z. B. auch mit Ihrem Kind auf einer Teppichkante in der Wohnung, auf einer Bordsteinkante an einer ruhigen Straße oder auf einem liegenden Baumstamm im Wald balancieren.

Elefantentanz

TANZSPIEL
2–8 Mitspieler

Dieses Spiel ist für mindestens zwei Kinder gedacht, die möglichst gleich groß sein sollten. Die „Elefanten“ tanzen auf eine ganz besondere Weise: Damit sich ihre langen Rüssel nicht verknoten, tanzen sie nur Rücken an Rücken und verhaken dabei ihre Arme – das sollen die Rüssel sein – ineinander.
Jetzt schalten Sie Musik an, und der Tanz kann beginnen. Dabei müssen sich die beiden Tänzer gut aufeinander einstellen, um nicht das Gleichgewicht zu verlieren und hinzufallen. Und wenn es trotzdem passiert, ist es meist mit großem Spaß verbunden!
Dieses Spiel trainiert hervorragend das eigene Körperempfinden und die Koordination, macht aber auch gleichzeitig sensibel für das, was der Mitspieler tut.

Känguru

KOORDINATIONS-SPIEL
Materialien: Kuscheltier, Gürtel; 2–6 Mitspieler

Binden Sie Ihrem Kind mit einem Gürtel sein Lieblingskuscheltier vor den Bauch. Jetzt hüpft es als Känguru – mit zwei Beinen gleichzeitig den Boden berührend – durchs Zimmer. Auch bei diesem Spiel werden Koordination und Gleichgewicht trainiert. Denn ganz so einfach ist es nicht, sich als Känguru zu bewegen, ohne umzufallen!
Sie können dieses Spiel auch zu zweit spielen, indem Sie sich ebenfalls ein kleines „Känguru“ vor den Bauch binden. Nun hüpfen Sie beide kreuz und quer durch die Wohnung.
Spaß macht es natürlich auch, wenn eine ganze Känguruherde durch die Wohnung hüpft!

Das richtige Gefühl

TASTSPIEL
Materialien: Baumwollsäckchen, Alltagsgegenstände wie z. B. ein Ball, Bauklotz, Schwamm, Löffel, ein Spielzeugauto, ein kleines Buch; 2–6 Mitspieler

Legen Sie in ein etwa DIN-A4-großes Baumwollsäckchen, das sich leicht selbst nähen lässt, ganz unterschiedliche Gegenstände wie z. B. einen Ball oder einen Bauklotz.

VARIANTE 1: Ihr Kind greift in den Sack, ertastet einen Gegenstand, nennt seinen Namen und holt ihn heraus. Toll, wenn es richtig geraten hat!

VARIANTE 2: Sie bitten Ihr Kind, einen bestimmten Gegenstand aus dem Säckchen zu holen. Es ertastet den Gegenstand und holt ihn heraus. Was für eine Freude, wenn es der gesuchte ist!

Dieses Spiel lässt sich auch gut mit mehreren Kindern spielen, die dann gleichzeitig nach den Gegenständen tasten.

Vogelfutter

ORIENTIERUNGSSPIEL
Materialien: Glas mit Schraubverschluss, Sonnenblumenkerne; 2 Mitspieler

Füllen Sie Sonnenblumenkerne in ein Glas und schrauben Sie dieses zu. Jetzt verbinden Sie Ihrem Kind die Augen, gehen langsam durch das Zimmer und schütteln währenddessen das Glas. Bleiben Sie dann an einer bestimmten Stelle stehen und schütteln weiter. Als „Vogel“ muss Ihr Kind jetzt sein „Futter“ finden, indem es dem Geräusch folgt, entweder auf allen vieren kriechend oder aufrecht gehend. Dabei sollten Sie unbedingt darauf achten, dass es sich nicht an Hindernissen stößt.

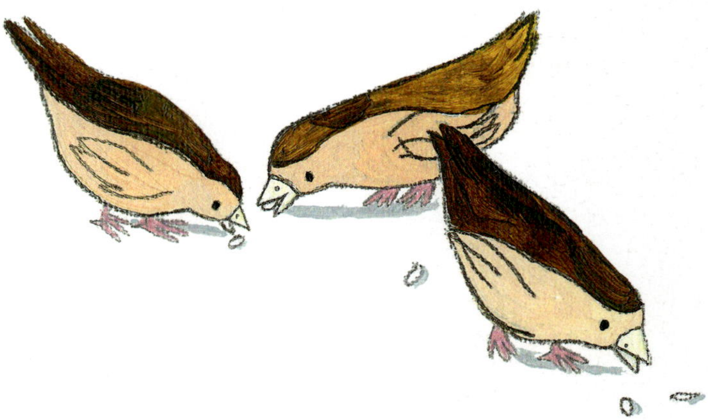

Baumeister

Bauen will gelernt sein. Kinder beginnen schon früh, mit Bauklötzen Häuser oder Türme zu bauen. Anfangs fallen die Bauwerke allerdings noch sehr schnell um, weil die kleinen Baumeister zu ungestüm sind oder die falschen Steine übereinandertürmen. Leichter geht es mit anderen Materialien: Bauen Sie doch einmal gemeinsam eine Kissenburg. Beim Abbauen können Sie dann auch eine kleine Kissenschlacht veranstalten. Oder wie wäre es mit einem Kuscheltierberg, einem Bücherhochhaus oder einem Kochtopfwolkenkratzer? Auch auf einem Spaziergang lassen sich Türme bauen, z. B. wunderbare Blätterberge, Holzhügel, Kastanienhaufen oder Steinberge.

GESCHICKLICHKEITSSPIEL

Materialien: Kuscheltiere, Kissen, Stöcke oder Steine; 2–6 Mitspieler

Naturgefühl

Wie fühlt sich Natur eigentlich an? Das können Sie bei Ihrem nächsten Spaziergang einmal erproben. Mit verbundenen Augen streichelt Ihr Kind verschiedene Bäume, oder Sie kitzeln mit einem Grashalm an seiner Nase. Legen Sie unterschiedliche Dinge in seine Hände. Errät Ihr Kind alles?

TASTSPIEL

Materialien: Dinge aus der Natur – alles, was Wald und Wiese bieten, z. B. Blätter, Kastanien, Tannennadeln, Nüsse, Eicheln, Beeren, Steine; 2–6 Mitspieler

Richtig gehört?

„HÖR"-SPIEL
Materialien: Marmeladengläser; Inhalte zum Befüllen: z. B. trockene Erbsen, Büroklammern, Watte, Murmeln, Sand; 2–4 Mitspieler

Befüllen Sie leere Marmeladengläser mit Büroklammern, Murmeln, Wasser oder Sand. Jedes Glas enthält aber nur eine einzige Sorte. Jetzt verbinden Sie Ihrem Kind die Augen, wählen zwei Gläser aus und schütteln eines der beiden. Nun muss Ihr Kind raten, welches dieser beiden Gläser den „Lärm" gemacht hat. Es darf die Binde abnehmen und das seiner Meinung nach richtige Glas schütteln. Anschließend schütteln Sie beide Gläser nacheinander. Mit diesem „Hörtest" merkt Ihr Kind, ob es richtig geraten hat.

Geräuscheduo

„HÖR"-SPIEL
Materialien: leere Filmdosen, Streichholzschachteln oder Marmeladengläser; Inhalte zum Befüllen: z. B. trockene Erbsen, Büroklammern, Watte, Murmeln, Sand; 2–4 Mitspieler

In Zeiten digitaler Fotografie werden Filmdosen immer seltener. Sollten Sie keine mehr davon besitzen, dann fragen Sie am besten in einem Fotogeschäft danach. Sie können auch leere Streichholzschachteln verwenden, allerdings sind die Geräusche, die damit entstehen, etwas gedämpfter. Leere Marmeladengläser können Sie bekleben oder bemalen, sodass ihr Inhalt nicht mehr sichtbar ist. Je zwei Behälter werden nun mit den Materialien gefüllt. Versehen Sie die Paare jeweils mit identischen Zeichen auf dem Dosen- bzw. Glasboden. Jetzt stellen Sie die Behälter bunt gemischt auf den Tisch. Wie beim Bilder-Memospiel gilt es jetzt, Paare zu finden – in diesem Spiel sind es allerdings „Geräuschepaare". Dazu werden immer zwei Dosen nacheinander geschüttelt. Sind die Geräusche identisch, darf der Spieler die beiden Gläser behalten und noch einmal sein Glück versuchen. Passen sie nicht, ist der nächste Spieler an der Reihe.

Kommissar „Wachauge“

Bei diesem Spiel sitzen die Kinder auf kreisförmig aufgestellten Stühlen. In der Mitte des Stuhlkreises liegen sechs verschiedene Kleidungsstücke. Eines der Kinder ist Kommissar „Wachauge“. Es prägt sich die Gegenstände in der Mitte genau ein. Anschließend verlässt es den Raum für einen kurzen Moment. Nun kommt ein „Dieb“ und nimmt eines der Kleidungsstücke, zieht es an, setzt sich zurück auf seinen Platz und verhält sich möglichst unauffällig. Jetzt betritt der Kommissar wieder den Raum und hat die Aufgabe, Dieb und Diebesgut sicherzustellen. Danach übernimmt der einstige Dieb die Aufgaben des Kommissars.

AUFMERKSAMKEITSSPIEL
Materialien: Kleidungsstücke, z. B. Pullover, Handschuh, Socke, Schal, Mütze, Hose, Rock;
4–20 Mitspieler

Lustige Tierzauberei

Diese Zauberei eignet sich wunderbar für eine Kindergeburtstagsfeier oder eine ähnliche Gelegenheit. Bauen Sie aus Matratzen und Decken ein Zauberschloss. Die Kinder gelangen über ein Seil balancierend zum Palast und klopfen mit dem Fuß an die „Tür“. Jetzt tritt der Zauberer – das sind Sie! – auf und ruft:

Simsalabim, Abrakadabra, ich verzaubere euch alle in … Hunde!

Nun krabbeln die Kinder auf allen vieren und laut bellend durch das Zimmer. Wenn der Zauberer nun mit seinem Zauberstab 3-mal auf den Boden schlägt, ist der Bann gebrochen. Erneut balancieren die Kinder über das Seil zum Schloss und klopfen an. Und schon folgt der nächste Zauberspruch:

Simsalabim, Abrakadabra, ich verzaubere euch alle in … Elefanten!

Nun stampfen die Kinder herum und trompeten wie die Elefanten. Die Reihe kann beliebig fortgesetzt werden, lassen Sie dabei Ihrer Fantasie freien Lauf und zaubern Sie galoppierende Pferde, keifende Affen, schnurrende Katzen, brummende Bären, bockende Ziegen, hüpfende, quakende Frösche und summende Bienen herbei.

PANTOMIMESPIEL
Materialien: Matratzen, Decken, Seil, evtl. Zaubermantel, Hut und Zauberstab;
2–10 Mitspieler

Kennst du das Geräusch?

„HÖR“-SPIEL

Materialien: verschiedene Geräuschquellen nach Wahl, z. B. ein Triangel, eine Klingel, eine Rassel, eine kleine Trommel, Papier oder Knisterpapier, eine (Papier-)Tüte, ein Löffel und eine Gabel; 2–6 Mitspieler

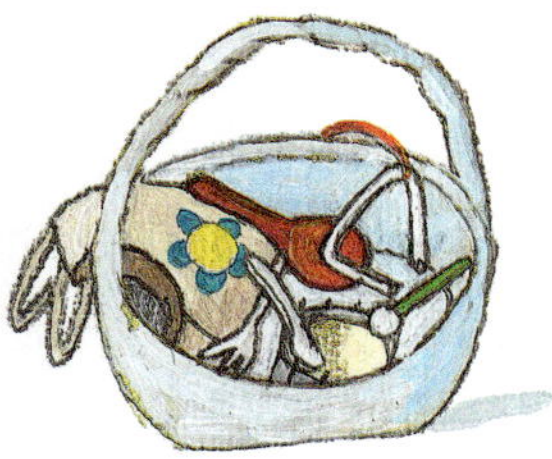

Füllen Sie zunächst gemeinsam einen Korb mit verschiedenen Geräuschquellen. Nun verbinden Sie Ihrem Kind mit einem Tuch die Augen und setzen es ungefähr in die Mitte des Raumes. Verändern Sie leise Ihre Position im Raum. Nehmen Sie einen Gegenstand aus dem Korb und bringen Sie ihn mehrmals zum Klingen. Rufen Sie Ihr Kind. Es soll nun mit verbundenen Augen auf Sie zukommen. Steht Ihr Kind vor Ihnen, legen Sie den Gegenstand vorsichtig zurück in den Korb. Nun kann Ihr Kind sein Tuch abnehmen und erraten, welche Geräuschquelle Sie benutzt haben.

VARIANTE: Wenn Ihr Kind schon etwas älter ist, können Sie die Rollen auch tauschen, das heißt, Sie verbinden sich die Augen und erraten die Geräusche, die Ihr Kind mit den diversen Gegenständen erzeugt.

Seifenblasen klatschen

REAKTIONSSPIEL

Material: Seifenblasenwasser; 2–10 Mitspieler

Ihr Kind steht vor Ihnen, und Sie fangen an, Seifenblasen zu pusten. Immer, wenn eine Seifenblase zerplatzt, klatscht Ihr Kind schnell in die Hände. Danach darf Ihr Kind Seifenblasen pusten und Sie klatschen in die Hände, sobald eine Seifenblase zerplatzt. Um schnell zu reagieren und zu klatschen, muss sich Ihr Kind sehr genau konzentrieren und ganz aufmerksam die Seifenblasen verfolgen. Das Pusten von Seifenblasen fördert die Sprechmuskulatur.

Zauberhafte Musik

TANZSPIEL

Materialien: ein Ball, ein Buch, eine Cremedose, ein Telefon, ein Stift, ein Apfel, eine Schere, ein CD-Spieler; 2–8 Mitspieler

Verteilen Sie auf einem Teppich verschiedene Gegenstände. Decken Sie diese mit einem Tuch ab. Diese Dinge sind jetzt „verzaubert“. Ihr Kind bewegt sich nun zu Musik, darf dabei aber die Dinge unter dem Tuch nicht berühren. Sobald Sie die Musik stoppen, bleibt Ihr Kind stehen. Der „Zauber“ ist aufgehoben, und Ihr Kind darf den Gegenstand, neben dem es gerade steht, durch Tasten erraten.

Im Supermarkt

ERZÄHLSPIEL
2 Mitspieler

Schauen Sie sich mit Ihrem Kind das Bild genau an und stellen Sie ihm z. B. folgende Fragen:

Was stimmt hier nicht? Ein Apfel liegt bei den Eiern, eine Tafel Schokolade in dem Salat.
Überlege! Was müsst ihr einkaufen, um einen leckeren Salat zu machen?
Wie viele Würstchen liegen in der Auslage?
Was kann man mit Kartoffeln zubereiten? z. B. Stampfkartoffeln, Salzkartoffeln, Kartoffelpuffer, Kartoffelsalat, Bratkartoffeln, Röstkartoffeln, Pommes frites, Kroketten, Kartoffelchips
Warum geben wir leere Pfandflaschen zurück?
Wovon wird ein Stück gekauft? z. B. ein Stück Butter
Wovon kauft man ein Kilo? z. B. ein Kilo Tomaten
Wovon wird ein Liter gekauft? z. B. ein Liter Milch
Und wovon kauft man eine Tafel? eine Tafel Schokolade

Sie können mit Ihrem Kind auch das Spiel spielen: „Ich sehe was, was du nicht siehst …“

Kribbel-krabbel

KOSESPIEL
2 Mitspieler

Ihr Kind liegt oder sitzt mit geschlossenen Augen gemütlich auf einem Teppich. Sprechen Sie den Vers und kitzeln dazu Ihr Kind am Bauch, Finger, Fuß oder Rücken. Mit der Zeit wird Ihr Kind den Vers selbst ergänzen können.

„Kribbel-krabbel-krauch, ich kitzle dich am Bauch."
„Kribbel-krabbel-kringer, ich kitzle dich am Finger."
„Kribbel-krabbel-kruß, ich kitzle dich am Fuß."
„Kribbel-krabbel-krücken, ich kitzle dich am Rücken."

(nach Maria Monschein)

Jetzt krabbelt die Maus

SPRECHVERS
2 Mitspieler

Sprechen Sie Ihrem Kind den Vers vor. Animieren Sie es dazu, mitzusprechen. Lassen Sie Ihr Kind das Ende jeder Versstrophe ergänzen. Sie können Ihr Kind dazu motivieren, indem Sie am Schluss jeder Zeile ein falsches Tier nennen. Am Ende des Verses können Sie Ihr Kind kitzeln.

Miau macht die Katze;
iah macht der Esel;
wau, wau macht der Hund;
ch, ch macht das Schwein.
Jetzt krabbelt die Maus
in dein Hemdchen hinein.

(überliefert)

Die große Rübe

Lesen Sie Ihrem Kind das Märchen vor. Rufen Sie gemeinsam nach dem nächsten Helfer für das Herausziehen der großen Rübe. Sie können das Märchen nach Belieben verlängern oder mit Familienmitgliedern nachspielen.

ERZÄHLSPIEL
2–10 Mitspieler

Der Großvater hat ein Rübchen gesteckt und gesagt:
„Wachse mein Rübchen, wachse, werde süß!
Wachse mein Rübchen, wachse, und werde fest!“
Das Rübchen wuchs und wurde süß und fest und groß – riesengroß.

Der Großvater geht, die Rübe zu ziehen. Er zieht und zieht – er kann sie nicht herausziehen. Der Großvater ruft die Großmutter: „Großmutter!“ Großmutter fasst den Großvater, Großvater fasst die Rübe. Sie ziehen und ziehen – sie können die Rübe nicht herausziehen.

Die Großmutter ruft das Enkelchen: „Enkelchen!“ Das Enkelchen fasst die Großmutter, Großmutter fasst den Großvater, Großvater fasst die Rübe. Sie ziehen und ziehen – sie können die Rübe nicht herausziehen.

Das Enkelchen ruft das Hündchen: „Hündchen!“ Das Hündchen fasst das Enkelchen, das Enkelchen fasst die Großmutter, die Großmutter fasst den Großvater, der Großvater fasst die Rübe. Sie ziehen und ziehen – sie können die Rübe nicht herausziehen.

Das Hündchen ruft das Kätzchen: „Kätzchen!“ Das Kätzchen fasst das Hündchen, das Hündchen fasst das Enkelchen, das Enkelchen fasst die Großmutter, die Großmutter fasst den Großvater, der Großvater fasst die Rübe. Sie ziehen und ziehen – sie können die Rübe nicht herausziehen.

Das Kätzchen ruft das Mäuschen: „Mäuschen!“ Das Mäuschen fasst das Kätzchen, das Kätzchen fasst das Hündchen, das Hündchen fasst das Enkelchen, das Enkelchen fasst die Großmutter, die Großmutter fasst den Großvater, der Großvater fasst die Rübe. Sie ziehen und ziehen – und heraus ist die Rübe.

(Russisches Volksmärchen)

Der Silbenlauf

SILBENSPIEL
2–20 Mitspieler

Die erste Strophe wird geflüstert. Die fett gedruckten Silben werden dabei etwas deutlicher als die anderen Silben betont. Außerdem werden sie durch vorsichtiges Stampfen mit dem Fuß oder leises Klatschen begleitet. Die Kinder können sich dabei an den Händen fassen.

Die Silben der zweiten Strophe sprechen die Kinder in normaler Lautstärke, wobei die fett gedruckten Silben jetzt lauter gesprochen werden. Außerdem wird bei jeder fett gedruckten Silbe zweimal schnell hintereinander geklatscht bzw. gestampft.

Die erste Zeile der dritten Strophe wird in anschwellender Lautstärke gesprochen, dann bleiben die Kinder stehen. Wenn ein vereinbartes Zeichen ertönt (z. B. laut auf einen Topf schlagen), sprechen die Kinder die letzte Zeile schnell und laut, dabei rennen sie, so flink wie möglich, in eine Ecke des Zimmers.

Heu-*te* ***muss*** *ich* ***schlei***-*chen,*
ei-*ner* ***Schne***-*cke* ***glei***-*chen.*
Lang-*sam* ***lei***-*se* ***auf*** *der* ***Rei***-*se*
komm *ich* ***an*** *auf* ***mei***-*ne* ***Wei***-*se.*

Mor-*gen* ***werd*** *ich* ***schnel***-*ler* ***ge***-*hen,*
wie *ein* ***Blitz,*** *ihr* ***müsst*** *es* ***sehn.***
Im-*mer* ***schnel***-*ler* ***im***-*mer* ***fort,***
trip-*pel* ***trapp*** *schon* ***bin*** *ich* ***dort.***

Und ***ü***-*ber*-***mor***-*gen dann*

renn' ich euch allen davon.

(Torsten Andreas,
nach Peter Schmidt)

Kimspiel – ganz einfach

MERKSPIEL

Materialien: 5–6 verschiedene Alltagsgegenstände, z. B. Bilderbuch, Spielzeugauto, Kugelschreiber, Tasse, Löffel; 2–4 Mitspieler

Legen Sie etwa fünf sehr unterschiedliche Gegenstände auf den Tisch. Betrachten Sie diese gemeinsam mit Ihrem Kind ungefähr eine Minute lang und beschreiben Sie, was Sie sehen: „Schau mal, dein blaues Spielzeugauto, und hier ist ja dein Lieblingsbuch …" und so weiter. Dann decken Sie die Gegenstände mit einem Tuch zu und lassen eines der Dinge in Ihrer Hand verschwinden. Nun legen Sie das Tuch über diese Hand und die übrigen Gegenstände werden wieder sichtbar. Jetzt muss Ihr Kind herausfinden, welcher Gegenstand fehlt. Spielen mehrere Kinder gemeinsam, dann geht es darum, wer zuerst den fehlenden Gegenstand benennen kann.

VARIANTE: Wird diese Aufgabe zum „Kinderspiel" für Ihr Kind, dann erhöhen Sie einfach die Anzahl der Gegenstände und nehmen auch schon mal zwei Dinge weg.

Zwilling gesucht

SUCHSPIEL

Material: Memokärtchen; 2–4 Mitspieler

Sie besitzen gewiss ein Memospiel. Legen Sie ein Kärtchen eines Bilderpaares irgendwo im Zimmer oder in der Wohnung aus, während Ihr Kind seine Augen geschlossen hält. Sie können auch Ihrem Kind die Augen verbinden. Danach darf es die Augen öffnen (oder wird von der Augenbinde befreit), bekommt das zweite Kärtchen und muss nun den passenden Zwilling finden.

VARIANTE: Etwas schwieriger wird es, wenn Sie verschiedene ähnliche Memokärtchen in der Wohnung verteilen, Ihr Kind aber auch diesmal nur ein Kärtchen bekommt und nun ganz genau nach dem passenden Gegenstück suchen muss.

Tanzstunde

TANZSPIEL
2 Mitspieler

Beim Tanzen sind die Rollen ja immer klar verteilt: Einer führt und der andere tanzt mit. In diesem Spiel hat Ihr Kind das Sagen und Sie sind der Tanzbär, der nach seiner Pfeife tanzt. Dazu müssen Sie vorab bestimmte „Befehle" vereinbaren. Dann nehmen Sie Ihr Kind auf den Arm. Jetzt drückt es z. B. auf Ihre Nase und Sie machen einen Schritt rückwärts, es fasst an Ihre rechte Schulter und Sie drehen sich rechts herum, es fasst an Ihre linke Schulter und Sie drehen sich links herum. Es fasst an Ihre Stirn und Sie machen einen Sprung, es legt die Hand auf Ihren Kopf und Sie bleiben stehen.

Reimfinger

REIMSPIEL
2 Mitspieler

Ein Vers für alle zehn Finger. Wie schon bei den einfachen Fingerspielen im ersten Kapitel fassen Sie nacheinander alle Finger Ihres Kindes an, angefangen vom Daumen der einen bis zum kleinen Finger der anderen Hand. Vielleicht haben Sie auch eigene Ideen für einen Fingerreim, etwa mit Namen aus Ihrem Familien- oder Bekanntenkreis? Lassen Sie Ihrer Fantasie freien Lauf!

Das ist die Liese, die spielt auf der Wiese.
Das ist der Timo, der trinkt ein Glas Limo.
Das ist die Elke, die pflückt eine Nelke.
Das ist die Monika, die spielt Mundharmonika.
Das ist die Henriette, die bläst Klarinette.
Das ist der Paul, der reitet auf einem Gaul.
Das ist die Christine, die spielt Violine.
Das ist der Fritz, der isst gern Lakritz.
Das ist die Gabriele, die spielt Ukulele.
Und das ist die Simone, die mag gern Zitrone.

(Ute Diehl)

Würfelbeute

SUCHSPIEL

Materialien: Farbwürfel; zum Suchen: Gegenstände in verschiedenen Farben, aber immer einfarbig; 2–4 Mitspieler

Bei diesem Spiel wird reihum gewürfelt. Der Spieler, der an der Reihe ist, muss dann in einer bestimmten Zeit – in der Sie laut bis zwanzig zählen – Gegenstände der Farbe, die er gewürfelt hat, im Zimmer suchen und diese neben sich legen. Achten Sie vorab darauf, dass sich ausreichend einfarbige Gegenstände im Zimmer finden, z. B. Bauklötze, farbiges Papier und Socken.
Nach zwei, drei Runden ist das Spiel zu Ende. Gewonnen hat der Spieler mit den meisten „Beutestücken“.

Farbensucher

SUCHSPIEL

Materialien: Buntstifte; 2 Mitspieler

Geben Sie Ihrem Kind einen Buntstift in die Hand. Suchen Sie dann gemeinsam nach Gegenständen, die die Farbe des Stifts haben. Sie werden erstaunt sein, wie viele Dinge Sie beide entdecken!

VARIANTE: Sie suchen gemeinsam nach gleichen Materialien. Dazu nehmen Sie z. B. einen Holzbaustein, ein Stück Stoff. Wo tauchen diese Materialien wieder auf? Was ist aus Holz und was aus Stoff?

Die kleine Hexe

REIMSPIEL

2 Mitspieler

Lesen Sie dieses Gedicht Ihrem Kind einmal vor. Wiederholen Sie es dann und lassen Sie jeweils die Reimworte wie „Hex'“, „Rüben“ usw. weg. Schnell wird Ihr Kind den passenden Begriff nennen können!

Morgens früh um sechs
kommt die kleine Hex'.
Morgens früh um sieben
schabt sie gelbe Rüben.
Morgens früh um acht
wird Kaffee gemacht.
Morgens früh um neune
geht sie in die Scheune.

Morgens früh um zehne
holt sie Holz und Späne.
Feuert an um elf,
kocht dann bis um zwölf:
Frösche, Krebs und Fisch,
hurtig Kinder, kommt zu Tisch!

(überliefert)

Bienen sammeln Blütenstaub

ANSAUGSPIEL
Materialien: Papier, Schere, Buntstifte, 2 Trinkhalme, 2 Gefäße; 2–6 Mitspieler

Basteln Sie mit Ihrem Kind circa 20 kleine, runde Papierblüten aus dünnem Papier in der Größe einer 2-Euro-Münze. Bemalen Sie die „Blüten". Schneiden Sie außerdem etwa 20 gelbe Kreise in der Größe eines 10-Cent-Stückes aus. Verteilen Sie Ihre gebastelten Blüten im Zimmer und legen Sie auf jede von ihnen einen gelben Kreis. Dieser stellt den Blütenstaub dar.

Verwandeln Sie sich jetzt in Bienen und summen Sie. Beim „ssss" sind die Zahnreihen geschlossen. Die Zungenspitze ist nicht zu sehen. Sammeln Sie nun gemeinsam den „Blütenstaub" von den Blüten, indem Sie die gelben Kreise mit einem Trinkröhrchen ansaugen und in ein kleines Gefäß legen, beispielsweise ein Körbchen oder eine Schachtel. Wer ist am Ende die fleißigste Biene und hat den meisten Blütenstaub gesammelt? Durch diese Ansaugübungen stärkt Ihr Kind seine Wangen-, Lippen- und Zungenmuskeln.

Der Bär und der Honigtopf

ZUNGENSPIEL
2–6 Mitspieler

Stellen Sie sich vor, Sie sind eine Bärenmutter (oder ein -vater) und Ihr Kind ist ein Bärenjunges. Bären fressen ja am allerliebsten Honig. Suchen Sie in der Wohnung gemeinsam nach dem imaginären Honig, z. B. unter dem Sofa, auf dem Tisch, im Schrank oder in einem Korb. Beim Schlecken „bekleckern" Sie sich beide dann ganz fürchterlich und „kleben" überall. Sie bleiben beide fest mit den Händen, mit den Füßen und dem Po am Boden hängen.
Daraufhin versuchen Sie, Hände, Füße und Po nacheinander loszureißen. Es ist sehr mühsam. Auch um den Mund herum haben Sie sich beide völlig bekleckert. Sie und Ihr Kind bemühen sich, alles mit der Zunge zu säubern: Sie lecken mit der Zungenspitze die eigene Oberlippe, dann die Unterlippe ab, versuchen die Nasenspitze, das Kinn, die rechte und die linke Wange mit der Zunge zu erreichen. Am Ende lassen Sie sich von Wasser abregnen. Es rauscht mit „schschsch" über Ihre Körper (die Lippen sind dabei weit vorgestülpt) aus einer imaginären Dusche.
Und wenn zum Schluss alle wieder sauber sind, gibt die Bärenmama oder der Bärenpapa seinem Bärenkind noch einen Schmatz.

Lippenlied

Das Mundspiel wird nach der Melodie von „Ich bin der kleine Hampelmann“ ausgeführt (siehe Seite 27).

1. *Wir sind zwei Lippen stark und schön,*
   das kann ein jeder Mensch doch sehn.

   Refrain: *Mal links* 2-mal schmatzen, *mal rechts* 2-mal schmatzen, *mal auf* 2-mal schmatzen, *mal ab* 2-mal schmatzen *und auch mal klappklappklapp* 3-mal klatschen und dabei 3-mal schmatzen.

2. *Wir spielen und wir tanzen toll,*
   davon wird uns der Kopf ganz doll.

   Refrain: siehe oben

3. *Und sind wir müde, schlafen wir*
   ganz nah und eng beisammen hier.

   Refrain: *bbbbbbbbbbbbb* Brummen Sie!

4. *Und kommt der Morgen, sind wir wach*
   und machen superlauten Krach.

   Refrain: Diesmal wird nur geschmatzt, nicht gesungen. Bewegen Sie Ihre Lippen beim Schmatzen 2-mal nach links, 2-mal nach rechts, 2-mal auf, 2-mal ab, und bilden Sie 2-mal eine Kussform.

(Iris Adams u. a.)

LIPPENSPIEL

2–6 Mitspieler

Schleckermaul

LIPPENSPIEL
Materialien: Honig, Marmelade, Streichwurst, Joghurt oder Obstsaft; 2–6 Mitspieler

Streichen Sie verschiedene zähflüssige Lebensmittel auf die Lippen Ihres Kindes. Nun kann Ihr Kind mit seiner Zunge die Köstlichkeiten ablecken.

TIPP: Sie können das Spiel variieren, indem Sie nur die Oberlippe oder nur die Unterlippe bestreichen. Verbinden Sie Ihrem Kind die Augen und lassen Sie es raten, wo Sie etwas aufgetragen haben. Sie können Ihr Kind auch das Lebensmittel oder die Geschmacksrichtung (süß, sauer, bitter oder salzig) erraten lassen.

Nach dem Spiel sollten Sie mit Ihrem Kind die Zähne putzen.

Schnäbeln

LIPPENSPIEL
Materialien: Rosinen, Nüsse, Mandeln, Apfel-, Bananen-, Birnen- und Mandarinenstücke; 2–6 Mitspieler

Stellen Sie sich vor, dass Ihr Kind ein kleines Vögelchen ist. Es fliegt durch die Wohnung und sammelt mit seinem Schnabel etwas Essbares. Legen Sie die Lebensmittel auf einem Teller bereit. Ihr Kind darf jetzt nur mit seinem Mund und möglichst vorgestülpten Lippen die Leckereien einzeln aufsammeln und an einen anderen Ort, z. B. einen anderen Teller, bringen. Dieses Spiel stärkt Lippen- und Zungenmuskulatur. Natürlich können am Ende des Spiels die Leckereien genascht werden.

Küsschen

LIPPENSPIEL
Materialien: Papier und Lippenstifte in verschiedenen Farben; 2–6 Mitspieler

Lassen Sie sich von Ihrem Kind einen Küsschenbrief schenken. Das Besondere an diesem Spiel ist, dass dadurch die Lippenmuskulatur gestärkt wird. Malen Sie die Lippen Ihres Kindes mit Lippenstift an. Nun kann es seine Lippen auf ein Blatt Papier drücken. Schön bunt wird es, wenn Sie verschiedene Farben wählen, noch schöner, wenn verschiedene Kinder- und Erwachsenenlippen auf das Papier gedrückt werden.

Saugpuzzle

Nehmen Sie ein geeignetes farbiges Bild oder Foto zur Hand, auf welchem verschiedene Details zu sehen sind. Kleben Sie es auf Kartonpapier.
Nun schneiden Sie etwa zehn verschiedene Kleinteile mit einer Nagelschere heraus. Anschließend kleben Sie das „löchrige“ Bild erneut auf einfarbiges Kartonpapier.
Nun nimmt eines der Kinder einen Trinkhalm, der vorher bei Bedarf gekürzt werden kann, saugt ein Puzzleteil an und versucht, es angesaugt auf die passende Stelle zu platzieren. Das Kind ist so lange an der Reihe, bis ihm ein Puzzleteil vom Trinkhalm fällt.

ANSAUGSPIEL

Materialien: Bild oder Foto, Kartonpapier, Schere, Kleber, Trinkhalme; 2–6 Mitspieler

Schattenbilder

Schneiden Sie aus Zeitschriften oder Werbebeilagen Fotos verschiedener Möbel, Tiere oder Kleider aus. Verstärken Sie die Abbildungen mit Pappe. Zeichnen Sie die Umrisse der Abbildungen auf ein Blatt und malen Sie die Flächen schwarz aus – so entstehen die Schatten der Abbildungen. Lassen Sie sich von Ihrem Kind dabei helfen.
Nun können die ausgeschnittenen Tiere oder andere von Ihnen gewählte Abbildungen mit einem Trinkhalm angesaugt und auf den passenden Schatten gelegt werden.

ANSAUGSPIEL

Materialien: Abbildungen von Tieren, Möbeln oder Kleidung, Kartonpapier, Papier, Schere, Kleber, Trinkhalme; 2–6 Mitspieler

Tierisches Theater

BEWEGUNGSSPIEL
2–10 Mitspieler

Ahmen Sie doch einmal mit Ihrem Kind Bewegungen und Laute von Tieren nach! Sammeln Sie zusammen Tierbilder. Fragen Sie Ihr Kind, welche Geräusche das abgebildete Tier macht und wie es sich fortbewegt, z. B.:

Der Frosch quakt und hüpft. Der Bär brummt und stampft.
Die Ente watschelt und schnattert. Der Elefant stapft und trompetet.
Der Storch stolziert und klappert. Der Löwe schreitet und brüllt.

Anschließend drehen Sie alle Tierbilder um und wählen eines aus. Dieses Bild sieht Ihr Kind nicht. Nun ahmen Sie das Geräusch oder die Bewegung nach. Ihr Kind muss erraten, um welches Tier es sich handelt, und kann die fehlende Aktion, also Äußerung oder Bewegung des Tieres, ergänzen.

VARIANTE: Sie können das Spiel erweitern, indem Sie auch Alltagsgeräusche aus Ihrer Umgebung in das Spiel einbeziehen, z. B.: *„Die Straßenbahn rumpelt und quietscht. Der Wind gleitet und pfeift. Ein altes Auto stottert und brummt. Die Dampflok rollt und zischt."*

(nach Gela Weigelt)

Gummitiere „waschen"

ZUNGENSPIEL
Materialien: Gummibärchen, Zahnstocher;
2–6 Mitspieler

Bei diesem Spiel ist die Beweglichkeit der Zunge gefragt. Sie können selbst „mitwaschen" oder ihrem Kind „Waschanweisungen" geben: Piksen Sie am besten einen Zahnstocher von oben nach unten durch ein Gummibärchen und halten Sie es vor den Mund des Kindes. Um den Bärchenkopf zu erreichen, muss sich die Kinderzunge nach oben bewegen. Jetzt ist der Oberkörper an der Reihe, zuerst die Brust, danach auch der Rücken des Bärchens. Dazu bewegt sich die Kinderzunge weiter nach unten. Um Bärchens Rücken zu erreichen, muss die Zunge gebogen sein und „um die Ecke" wandern.
Zum „Waschen" der Füße bewegt sich die Zunge weiter nach unten. Ist das Bärchen dann immer noch nicht „sauber", wird die Waschprozedur von unten nach oben wiederholt.

Rumunkel und seine Freunde

Rumunkel, Makunk, Singnund, Willander, Kallump und Sillix leben in und auf einem Berg. Jeden Abend treffen sich die Monsterchen auf dem Berg und essen gemeinsam Kräuterlixsuppe. Und jeden Abend ruft ein Monsterchen die anderen, wenn das Essen fertig ist. Überhaupt machen sie immer alles gemeinsam.

Sprechen Sie Ihrem Kind die Namen der Monsterchen deutlich vor und fordern Sie es dann auf, die Monsterchen zu rufen, sodass sie aus ihrem Bergzimmerchen kommen.
Basteln Sie selbst kleine Monsterchen in Postkartengröße. Formen und Farbe können Sie Ihrem kleinen Künstler überlassen. Zeichnen Sie einfache Klecksformen auf Pappe auf. Schneiden Sie diese aus und gestalten Sie Gesicht und Kleidung der Monsterchen gemeinsam mit Ihrem Kind. Verstecken Sie die Monsterchen in einem Stoffsack. Sobald Ihr Kind eines der Monsterchen ruft, kommt es heraus.

VARIANTE: Überlegen Sie gemeinsam mit Ihrem Kind, in welchen Situationen sich die Monsterchen noch rufen könnten.

LAUTSPIEL

Materialien: Schere, Buntstifte und bunte Bastelpappe, Stoffsack; 2–6 Mitspieler

Schafwolle

SPRACHSPIEL
2 Mitspieler

Betrachten Sie mit Ihrem Kind die Abbildungen der Tiere. Welche Tiere sind zu sehen? Überlegen Sie gemeinsam mit Ihrem Kind, wo die Tiere wohnen, was sie fressen und wie die Tierbabys genannt werden. Schauen Sie anschließend in das Vorratsregal und ordnen Sie gemeinsam die Produkte den Tieren zu.

Fang die Wolle!

SPRACHSPIEL

Material: ein Wollknäuel; 6– 20 Mitspieler

Bilden Sie mit den Kindern einen Sitzkreis. Ein Kind nimmt ein Wollknäuel, bindet sich den Faden zweimal um das Handgelenk und sagt: „Ich heiße …". Nun wirft es das Wollknäuel einem anderen Kind zu und fragt: „Und wie heißt du?" So bekommt nach und nach jedes Kind das Wollknäuel, nennt dabei seinen Namen und fragt nach dem Namen eines anderen Kindes im Kreis. Wenn alle Kinder mit dem Wollknäuel verbunden sind, geht es in umgekehrter Reihenfolge wieder zurück. Nun kann das Kind, welches an der Reihe ist, zu seinem Vorgänger sagen: „Anna Name des Vorgängers nennen, fang Du das Wollknäuel!" Der Vorgänger muss nun das Wollknäuel fangen, aufrollen, seinen Vorgänger mit Namen ansprechen und das Knäuel wiederum an seinen Vorgänger werfen.

Das Spiel fördert die Begriffsbildung bei Kindern, aber auch die Koordinationsfähigkeit, die Merkfähigkeit und die Fingermotorik.

VARIANTE: Das Wollknäuel-Spiel eignet sich auch für weitere Themen, wie z. B.: „Ich esse gern …" oder „Ich spiele gern mit …". Man kann auch Obst- oder Gemüsesorten aufzählen lassen.

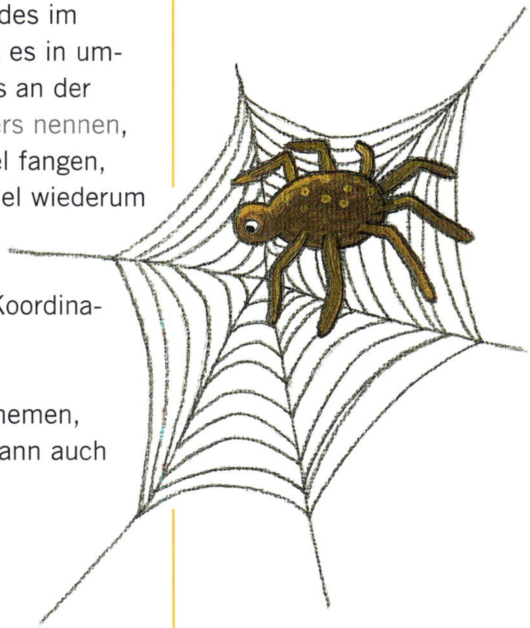

Die Würmer verstecken sich

SPRACHSPIEL

Materialien: Knetmasse und ein Tuch, Eicheln, Kastanien, Perlen nach Bedarf; 2–10 Mitspieler

Formen Sie aus Knetmasse sechs bis acht unterschiedliche Regenwürmer, die zwischen zwei bis sechs Zentimeter lang sind, von „streichholzdünn" bis fingerdick. Diese Knetwürmer verkriechen sich jetzt unter der Erde, d. h., Sie verstecken diese unter einem Tuch. Ihr Kind soll nun den längsten, kürzesten, dünnsten und dicksten Regenwurm ertasten.

VARIANTE: Statt Regenwürmer können Sie auch Kugeln in verschiedenen Größen aus Knetmasse formen. Ebenfalls eignen sich unterschiedlich lange Ketten aus Perlen, Kastanien oder Eicheln, die Sie selbst auffädeln können.

Schattenspiele

KREATIVSPIEL
Material: Taschenlampe oder Stehlampe;
2 – 4 Mitspieler

Schalten Sie eine Taschenlampe oder eine Stehlampe ein. Projizieren Sie dann mit Ihren Händen Schattenbilder an die Wand. Zu den Bildern können Sie gemeinsam mit Ihrem Kind Geschichten erfinden. Vielleicht will es mit seinen kleinen Händen auch schon eigene Schattenbilder entwerfen? Dann können Sie gemeinsam ein kleines Schattentheater veranstalten. Machen Sie ihm Mut.
Hier finden Sie Beispiele für Schattenbilder – von einfach bis kompliziert. Viel Spaß!

Pferd

Schlange

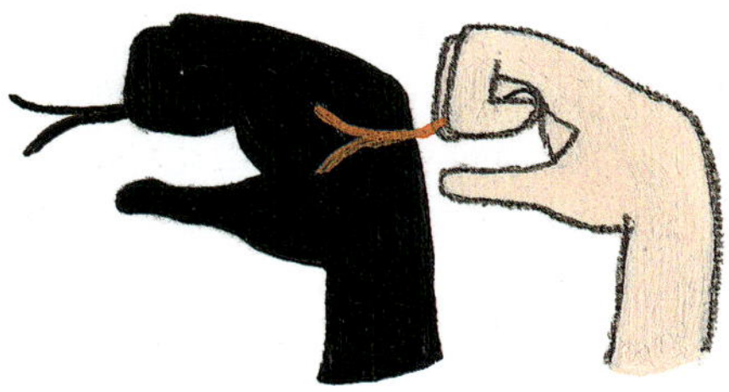

Hahn

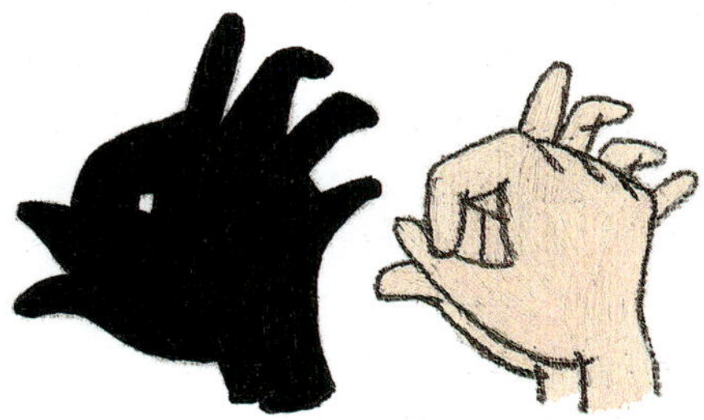

Hase

Ist gar nicht schwer!

Ein Kuchen für Bruno

Auch diese Geschichte können Sie wieder mit den passenden Bewegungen und Geräuschen „ausmalen", z. B., indem Sie Teig kneten oder Kerzen auspusten. Fragen Sie nach der Geschichte, z. B.: Wer hat Geburtstag? Wie alt wird Bruno? Was backen Jan, Lisa und Papa? Wie schmeckt Hundekuchen? Wie viele Kerzen passen in den Kerzenständer?

VORLESEN UND MITSPIELEN

Morgen hat Bruno Geburtstag. Drei Jahre wird er alt. Während die kleine Anna im Wohnzimmer sitzt und versucht, einen Turm zu bauen, backen Jan und Lisa mit Papa Hundekuchen für Bruno. Sie mischen Quark, Milch, Olivenöl und ein Ei mit Haferflocken, Mehl und Hühnerbrühe. Daraus formen sie kleine Kugeln und legen sie auf ein Backblech. Zum Schluss will Lisa die Schüssel auslecken. Aber dieser Kuchenteig schmeckt ihr gar nicht. „Bäh", ruft sie und verzieht ihr Gesicht. Schnell holt Papa ein Glas Saft. „Das schmeckt besser", sagt er und lacht. „Hundekuchen sind eben nur für Hunde." Im Backofen werden die Kuchen schön braun. Papa holt sie vorsichtig heraus, denn der Backofen ist heiß. „Und die Geburtstagskerzen?", will Jan wissen. Papa ist ein bisschen ratlos. Auf kleine Hundekuchen kann man ja keine Kerzen stecken. Lisa hat eine Idee. Sie flitzt ins Wohnzimmer, drückt Anna einen dicken Kuss auf die Stirn und holt den Kerzenständer. Da passen doch genau drei Kerzen rein! „Prima", sagt Papa. Dann verstecken sie alles in der Speisekammer. Damit Bruno nichts sieht! Als Bruno dann mit Mama vom Spaziergang zurückkommt, guckt er aber gar nicht in die Küche. Er schlabbert Wasser und legt sich dann auf seine große Decke. „Mal wieder zu wild getobt", lacht Mama. „Komisch", sagt Jan, „ich kann vor meinem Geburtstag nie schlafen, weil ich so aufgeregt bin."

„Zum Geburtstag viel Glück!" Als Lisa und Jan am nächsten Morgen ihr Geburtstagsständchen singen, guckt Bruno ganz überrascht. Und die Kerzen kann er auch nicht ausblasen. Jan pustet ganz kräftig und wünscht sich dabei etwas Schönes. Über die Hundekuchen freut sich Bruno riesig. Sie schmecken ihm so gut, dass er beinahe zu viele davon isst. Schnell legt Mama die restlichen Hundekuchen weg. „Damit er keine Bauchschmerzen kriegt", sagt sie. Dann machen sie alle zusammen einen großen Geburtstagsspaziergang und Lisa und Jan dürfen Annas Kinderwagen schieben. *(Ute Diehl)*

Obstsalat

SPRACHSPIEL

Materialien: Obst, Gemüse oder Nachbildungen derselben; 2–6 Mitspieler

Dieses Spiel fördert die Fähigkeit, Sätze richtig zu bilden. Bereiten Sie gemeinsam einen Obstsalat zu, entweder aus echten Früchten oder mit Knetgegenständen bzw. anderen Nachbildungen. Suchen Sie sich die Zutaten zusammen und legen Sie diese zu sich auf den Tisch oder Boden. Nun stellen Sie eine Schüssel zu sich. Jede Handlung kommentieren Sie nun. Mögliche Äußerungen sind: „Ich *nehme* die Banane. Was *nimmst* du? Ah, du *nimmst* die Orange!“ usw. Sie können auch Verben wie „zerschneiden“ oder „brauchen“ nehmen. Es hilft aber Ihrem Kind, wenn Sie in einer Spielsequenz bei einem Verb, z. B. „nehmen“, bleiben.

VARIANTEN: Selbstverständlich können Sie auch eine Gemüsesuppe kochen oder gemeinsam einkaufen gehen. Wichtig ist, dass Sie Ihrem Kind bei diesem Spiel immer wieder den Wechsel der Verbform desselben Verbs in der Ich- und Du-Form vorsprechen, damit Ihr Kind merkt, dass sich die Form des Verbs verändert.

Zaubersack

SPRACHSPIEL

Materialien: Stoffsack; Stein, Kastanie, Eichel, größere Büroklammer, Stift, Bauklotz, Spielzeugauto, Puppe; 2–10 Mitspieler

Auch bei diesem Spiel wird die richtige Satzbildung gefördert. Nehmen Sie einen undurchsichtigen Stoffsack, der sich oben zuschnüren lässt, und befüllen Sie diesen gemeinsam mit verschiedenen Materialien. Nun greifen Sie vor den Augen des Kindes in den Sack und sagen: „Hokuspokus eins, zwei, drei, ich zaubere einen Stein herbei.“ Den Stein halten Sie Ihrem Kind entgegen. Geben Sie dann Ihrem Kind den Sack und fragen: „Was zauberst du herbei?“ Ihr Kind greift nun in den Sack, erfühlt einen Gegenstand und spricht dann den oben genannten Zauberspruch.

Aus eins mach mehrere

SPRACHSPIEL

2 Mitspieler

Dieses Spiel unterstützt Sie dabei, mit Ihrem Kind die Mehrzahlbildung zu üben. Betrachten Sie gemeinsam die einzelnen Bilder. Oben sind Gegenstände in der Einzahl gezeigt, darunter sehen Sie diese Gegenstände in der Mehrzahl abgebildet, allerdings in einer anderen Reihenfolge. Ordnen Sie mit Ihrem Kind die passenden Bildpaare einander zu. Zeigen Sie auf ein beliebiges oberes Bild und sagen Sie z. B.: „Das ist ein Auto. Suche die Autos!“

VARIANTE: Kam Ihr Kind mit dieser Aufgabe gut zurecht? Dann können Sie einen Schritt weitergehen und Ihrem Kind die Aufgabe stellen, die Mehrzahl selbst zu bilden. Sie könnten Ihr Kind dazu motivieren, einen von Ihnen begonnenen Satz selbst zu ergänzen: „Das ist ein Auto und das sind drei …“

Die Katze Molly

ERZÄHLSPIEL
Materialien: Feder und Murmel; 2–6 Mitspieler

Erzählen Sie Ihrem Kind diese Geschichte. Motivieren Sie es, zuzuhören und die Geschichte in Bewegungen umzusetzen. Helfen Sie Ihrem Kind am Anfang dabei, indem Sie es direkt auffordern, etwas zu tun, z. B.: „Rolle dich auf dem Boden zusammen!“

Molly liegt zusammengerollt im Garten. Die Sonne scheint auf Mollys Näschen.
Berühren Sie mit einer Feder sanft das Näschen Ihres Kindes.

Jetzt hat sie sich selber aufgeweckt. Sie streckt ihre Vorderpfoten weit nach vorne – die Hinterpfoten weit zurück, dann macht sie einen Katzenbuckel.
„Mache einen Katzenbuckel!“

Langsam geht sie zu ihrem Trinknapf und schlabbert Wasser.
„Schiebe deine Zunge breit und locker zwischen den Lippen hinaus und wieder hinein.“

Nun säubert sie sich und schleckt mit der Zunge einige Runden über ihr Maul. Oje – sie hat auch die Nase bekleckert und das Kinn. Sie versucht, mit ihrer Zungenspitze Nase und Kinn zu säubern.
„Lecke deinen Mund ab.“

Sie denkt sich: „Eine Maus wäre nicht schlecht!“ Sie schleicht auf allen vieren zu einem Mauseloch und lauert still und leise so lange davor, bis eine Maus herauskommt.
Lassen Sie eine Murmel oder etwas Ähnliches plötzlich aus der Hand fallen.

Molly fängt die Maus. Sie lässt sie zwischen ihren Tatzen hin- und hertanzen. Am Ende wird Molly müde. Sie rollt sich wieder zusammen, schnurrt noch ein wenig und schläft ein.
„Rolle dich wieder zusammen und schlafe.“

(nach Maria Monschein)

Geschichten mit vertauschten Bildern

In diesen kleinen Geschichten stimmt etwas nicht! Die Bilder sind vertauscht. Lassen Sie Ihr Kind auf das jeweils richtige Bild zeigen, während Sie ihm die Geschichte vorlesen.

Am Morgen steht Lisa auf. Sie trägt ihren grünen Lieblingsschlafanzug mit den pinkfarbenen Entchen. Beim Gähnen streckt sie ihre Arme hoch in die Luft.

Jetzt hat Lisa schon ihre Unterhose und ihr Unterhemd angezogen und putzt sich ihre Zähne.

Zwei grüne Socken hat sie auch schon gefunden und steigt in ihre blaue Hose.

Jetzt fehlt noch ein Pullover. Lisa nimmt den roten Pullover vom Stuhl und zieht ihn an.

Lisa muss noch ihre Schuhe anziehen. Aber sie hat erst einen gefunden. Wo ist der zweite? Kannst du ihr helfen?

Da ist er ja! Jetzt ist Lisa fertig.

Sie lacht und setzt sich zu Jan an den Frühstückstisch.

AUFMERKSAMKEITS-SPIEL
2 Mitspieler

Das System

KOMBINATIONS-SPIEL
Materialien: verschiedenfarbige Bauklötze, Alltagsgegenstände wie z. B. unterschiedlich große Löffel, Schuhe, verschiedene Obst- und Gemüsesorten, verschiedene Formen; 2–4 Mitspieler

Auch kleine Kinder können bereits einfache Reihenfolgen erkennen. Legen Sie mindestens vier Steine z. B. mit der farblichen Abfolge rot und blau auf den Fußboden und bitten Sie Ihr Kind, die Reihe fortzusetzen. Sie können auch Reihen aus verschiedenen Formen bilden: Dreiecke, Quadrate, die sich einfach aus Pappe schneiden lassen, oder Sie legen verschiedene Obstsorten hintereinander, bilden Reihen aus kleinen und großen Löffeln, aus kleinen und großen Schuhen und so weiter. Lassen Sie auch Ihr Kind eine Reihe entwerfen, die Sie nun fortsetzen müssen. Vielleicht passiert Ihnen ein Fehler, den Ihr Kind entdecken muss?

Musiker

MERKSPIEL
Materialien: Xylofon oder Haushaltsgegenstände wie z. B. Töpfe, Tassen, Flaschen, Schüssel, Kochlöffel zum Schlagen; 2 Mitspieler

Reihenfolgen kann man natürlich auch hören. Dazu spielen Sie auf einem Xylofon eine bestimmte einfache Tonfolge, die Ihr Kind dann nachspielt.

VARIANTE: Sie bauen sich zusammen mit Ihrem Kind ein eigenes „Musikinstrument" aus Haushaltsgegenständen. Dann schlagen Sie mit einem Kochlöffel eine bestimmte Tonfolge, die Ihr Kind nachvollziehen kann.
Auch hier können Sie natürlich die Rollen tauschen. Dann gibt Ihr Kind die „Melodie" vor und Sie spielen sie nach.

Was gehört nicht dazu?

KOMBINATIONS-SPIEL

2 Mitspieler

Auf den Bildern finden Sie in einer Reihe jeweils fünf Gegenstände. Einer dieser Gegenstände passt nicht dazu. Schauen Sie sich gemeinsam mit Ihrem Kind jede Reihe an und benennen Sie die einzelnen Dinge.
Überlegen Sie nun gemeinsam, welcher Gegenstand nicht dazu passt.

Wiedererkennen

SUCHSPIEL
2 Mitspieler

Die obere Reihe enthält jeweils einzelne Bildausschnitte aus den unteren Bildern. Lassen Sie Ihr Kind nun herausfinden, zu welchem Bild die Ausschnitte gehören.

3–4 Jahre

Warum, warum, warum?

Spürst du den Gegenstand?

MASSAGESPIEL
Materialien: Handbürste, Igelball, Massagehandschuh, Rückenbürste, Frotteewaschlappen; 2 Mitspieler

Suchen Sie mit Ihrem Kind gemeinsam nach Materialien, mit denen Sie es massieren können. Ihr Kind liegt bäuchlings und bequem vor Ihnen auf dem Boden und hat die Augen geschlossen. Nun nehmen Sie eines der Massagegegenstände und massieren Ihr Kind an den Armen, Beinen und auf dem Rücken. Legen Sie den Massagegegenstand zurück und lassen Sie Ihr Kind raten, welchen Sie verwendet haben.

Pizza backen

MASSAGESPIEL
Material: Decke; 2 Mitspieler

Ihr Kind liegt bäuchlings und bequem vor Ihnen auf eine Decke. Erzählen Sie ihm, dass Sie jetzt eine „Pizza“ zusammen backen. Beginnen Sie damit, Ihr Kind am Rücken, an den Armen und Beinen sanft zu kneten und beschreiben Sie, dass Sie gerade den „Teig“ kneten.
Streichen Sie dann mit den Handaußenkanten von der Rückenmitte jeweils nach oben und unten und erzählen Sie dabei, dass Sie den Teig ausrollen und ihn auf dem Backblech formen.
Streichen Sie danach mit Zeige- und Mittelfinger über den Rücken, als würden Sie die „Tomatensoße“ gleichmäßig verteilen.
Fragen Sie dann Ihr Kind, was noch auf die Pizza gelegt werden soll und „streuen“ Sie die genannten Utensilien auf den Rücken, die Arme und Beine, indem Sie mit Ihrem Zeigefinger jeweils die verschiedenen Punkte mit unterschiedlichem Fingerdruck antippen.
Wenn Ihr Kind die „Bestellung“ aufgegeben hat, „schieben“ Sie die Pizza in den „Ofen“. Lösen Sie den Teig vorsichtig vom Boden, indem Sie mit der flachen Hand unter die Arme, Beine und den Rücken fahren und etwas daran rütteln. Nun bäckt die Pizza, wie das duftet! Schnuppern Sie ausgiebig an Ihrem Kind. Ziehen Sie danach die Pizza wieder aus dem Ofen heraus, indem Sie leicht an den Beinen Ihres Kindes ziehen. Sie möchten die Pizza gleich essen und knabbern am Bauch, an den Füßen und Händen Ihres Kindes.

Und wer streichelt mich?

Die Nebelfee

Die Kinder bewegen sich frei in einem Raum, dem „verwunschenen Märchenwald“. Den Rhythmus der Schritte können Sie dabei durch Schlagen auf eine kleine Trommel, Töpfe o. Ä. vorgeben. Wenn der Rhythmus aussetzt, bleiben die Kinder stehen. Sprechen Sie dann folgenden Satz:

Die unsichtbare Nebelfee erscheint.

Die Kinder hören einen gleichmäßigen Ton: Rühren Sie z. B. mit einem Schneebesen in einem Topf oder erzeugen Sie mit einem Streichinstrument einen Ton.

Die Nebelfee lässt den Nebel durch die Finger aller Kinder entweichen.

Alle Kinder strecken ihre Arme mit gespreizten Fingern aus, schleichen wie durch dichten Nebel und zischen durch die Zähne.

Die Nebelfee kommt schon wieder. Sie verwandelt alle Kinder in alte, knorrige Bäume mit langen Ästen.

Unterbrechen Sie die langsamen Bewegungen der Kinder durch ein Signal. Jetzt frieren ihre Bewegungen ein, ihre Arme und Hände verwandeln sich in Äste, die Muskeln sind angespannt, und die Hände werden zu Zweigen. Die Kinder ächzen wie alte Bäume im Wind.

Jetzt ziehen die alten Bäume fort aus dem verwunschenen Märchenwald.

Schlagen Sie z. B. wieder auf eine Trommel. In diesem Rhythmus stampfen alle Kinder mit erhobenen, steifen Armen und Beinen hölzern fort.

Die Nebelfee ist fort!

Alle Kinder entspannen sich und rufen: „Ja, sie ist fort!“ Danach bewegen sie sich wieder entspannt im Raum.

(Torsten Andreas nach Lisa Bleiken)

RHYTHMUSSPIEL

Materialien: Trommel, Töpfe, Holzlöffel, Klanghölzer, Schneebesen, Streichinstrument; 2–20 Mitspieler

Wie fühlt sich das Nein an?

MIMIKSPIEL
2–6 Mitspieler

Fragen Sie Ihr Kind, ob es das jeweils dargestellte Gefühl kennt und was es in Situationen macht, in denen es das Gefühl empfindet. Formulieren Sie selbst, was Sie machen, wenn Sie diese Gefühle haben, oder machen Sie Vorschläge, wie sich die Gefühle in Handlungen äußern könnten.

Gefühle zeigen

MIMIKSPIEL
3–8 Mitspieler

Die Mitspieler stehen in einem Kreis. Bevor das Spiel beginnt, fragen Sie die Kinder, welche Gefühle sie kennen. Sind es schöne oder nicht so schöne Gefühle? Sollten die Kinder nicht viele Gefühle beschreiben können, dann nennen Sie z. B. die Gefühle Freude, Traurigkeit, Eifersucht, Angst, Mut, Stolz, Wut und Mitleid. Verweisen Sie darauf, dass Gefühle unterschiedlich gelebt werden und alle Darstellungen im folgenden Spiel richtig sind.
Jetzt beginnt das Spiel. Ein Kind nennt ein Gefühl, das nun alle darstellen. Dann wird das nächste Kind bestimmt, das ein anderes Gefühl zum Darstellen vorgibt.

VARIANTE: Während des Spiels können Sie die Kinder fragen, wo sie das Gefühl im Körper spüren (z. B. die Wut im Bauch, die Angst im Hals).

Papierkind

MALSPIEL
Materialien: Packpapier oder Tapetenreste, Schere, Wachskreide, Stoffreste, Knöpfe, Wolle; 2–6 Mitspieler

Bei diesem Spiel legt sich Ihr Kind mit leicht ausgebreiteten Armen und Beinen auf das Papier. Zeichnen Sie seine Umrisse mit einem Wachsmaler nach. Jetzt wird Ihr Kind aktiv: Es malt Haare, Augen, Mund und Nase. Außerdem „zieht" es sein Ebenbild an, z. B. indem es die Kleidung aufmalt oder Stoffreste, Knöpfe, Wolle etc. auf das Papierkind klebt. Dabei wird nicht nur die Fingerfertigkeit trainiert, sondern es wird auch die Bezeichnung der Farben und der Kleidungsstücke und das Zählen geübt (z. B. Anzahl der Knöpfe und der Finger). Ist das Papierkind fertig, kann es an die Wand des Kinderzimmers gehängt werden. Wenn Sie genügend Tapetenreste oder Packpapier zur Verfügung haben, eignet sich dieses Bastelspiel auch für eine Geburtstagsfeier. Das Schöne dabei: Jeder Geburtstagsgast kann sein Papierkind mit nach Hause nehmen.

Ochs am Berg

REAKTIONSSPIEL
6–20 Mitspieler

Eines der Kinder ist der „Ochs" und stellt sich mit dem Rücken zu den anderen vor eine Wand. Die anderen Spieler sollten mindestens 20 Meter von ihm entfernt auf einer Linie stehen. Jetzt ruft der Ochse: „Ochs am Berg, 1, 2, 3!" Während er ruft, müssen die anderen Spieler so schnell wie möglich in seine Richtung laufen. Bei der Zahl „3" dreht sich der Ochse um und alle Kinder müssen nun erstarren. Wer sich noch bewegt, muss wieder zurück zur Linie. Das Kind, das den Ochsen als erstes berührt, darf der nächste Ochse sein.

Der Turm zu Pisa

GESCHICKLICHKEITSSPIEL
Material: Bausteine; 2–6 Mitspieler

Türme bauen kann Ihr Kind längst. Wie klappt das Bauen aber unter erschwerten Bedingungen? Versuchen Sie gemeinsam und mit verbundenen Augen einen Turm zu bauen. Legen Sie abwechselnd ganz vorsichtig einen Stein auf den nächsten. Das ist gar nicht so einfach, denn schließlich müssen Sie sich beide jetzt auf andere Sinne als das Sehen verlassen, nämlich aufs Fühlen und Hören. Verloren hat derjenige, dessen Baumaßnahme zum Einsturz führt. Dieses Spiel lässt sich auch gut mit mehreren Kindern spielen.

Randvoll

GESCHICKLICHKEITSSPIEL
Materialien: eine mittelgroße Schüssel und ausreichend Steine, Walnüsse, Haselnüsse u. Ä.; 2–6 Mitspieler

Die Mitspieler legen der Reihe nach einen der genannten Gegenstände in die Schüssel. Was zu Beginn des Spiels noch eine leichte Übung ist, weil die Gegenstände ohne Not in der Schüssel bleiben, wird im Laufe des Spiels immer schwieriger, drohen doch die Gegenstände aus der Schüssel zu fallen. Jeder, den dieses Schicksal ereilt, scheidet aus. Wer als Letzter übrig bleibt, hat gewonnen.

Dirigent

REAKTIONSSPIEL
Material: (Takt-)Stock; 4–10 Mitspieler

Ein Kind übernimmt die Rolle des „Dirigenten" und stellt sich vor die anderen Kinder. Es beginnt, ein bekanntes Lied zu singen. Alle Kinder singen mit, während der Dirigent seinen Taktstock bewegt. Zeigt er aber plötzlich mit dem Taktstock auf den Boden, müssen alle Sänger augenblicklich schweigen. Wer jetzt noch singt, scheidet aus, und wer schließlich übrig bleibt, ist der nächste Dirigent.

Schau genau

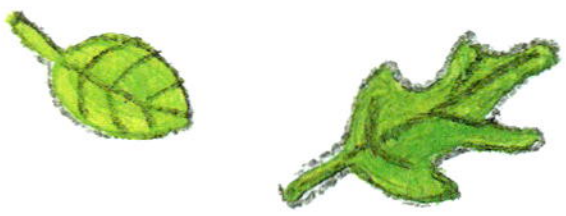

Schneiden Sie während eines Waldspaziergangs von verschiedenen Bäumen und Sträuchern vorsichtig Blätter, kleine Äste, Blüten oder Früchte ab und verteilen Sie diese an die Familienmitglieder. Auf dem Rückweg gilt es, die passenden Bäume, Büsche oder Blumen zu finden. Dabei muss es nicht unbedingt genau die Pflanze sein, von der Sie etwas abgebrochen haben.
Sieger ist, wer die meisten Gewächse zuordnen konnte.

SUCHSPIEL

Material: Taschenmesser;
3 – 6 Mitspieler

Gut gefühlt und gehört

Ein Kind sitzt mit verbundenen Augen in der Mitte eines Kreises. Jetzt tauschen die anderen Kinder ihre Plätze. Danach kriecht das Kind aus der Kreismitte zu einem der Kinder und versucht durch Befühlen zu erraten, um wen es sich handelt. Gelingt ihm das innerhalb von drei Versuchen, dann darf es bestimmen, wer als Nächster dran ist. Gelingt es ihm nicht, dann ist das Kind, das nicht erraten wurde, an der Reihe.

VARIANTE: Ein Kind setzt sich mit verbundenen Augen auf den Schoß eines anderen Kindes und sagt zu ihm: „Mäuschen, sag mal Piep!“ Nun antwortet das Mäuschen – mit möglichst verstellter Stimme – „Piep!“ Jetzt muss das Kind raten, auf wessen Schoß es sitzt. Gelingt ihm das innerhalb von drei Versuchen, dann darf es bestimmen, wer als Nächster dran ist. Gelingt es ihm nicht, dann ist das Mäuschen an der Reihe.

TASTSPIEL

4 – 10 Mitspieler

Schachtel-Rallye

REAKTIONSSPIEL
Materialien: 2–4 Streichholzschachteln, 2–4 Kordeln; 2–4 Mitspieler

Befestigen Sie bei diesem Spiel zuerst die Kordeln an der schmalen Seite der Streichholzschachteln. Die Kordeln sollten die Länge Ihres Tisches haben. Legen Sie dann die Schachteln an das eine Ende des Tisches und die Kordel über den Tisch bis zum anderen Ende. Jetzt ziehen die Kinder ihre Schachteln um die Wette zum Ziel, indem sie die Kordel auf einen Bleistift aufwickeln. Das Ziel ist erreicht, wenn die Schachtel möglichst genau die Tischkante erreicht hat. Um als Erster im Ziel zu sein, muss schnell aufgewickelt werden. Aber Vorsicht: Es muss auch rechtzeitig mit dem Wickeln aufgehört werden, damit die Schachtel nicht „abstürzt"!

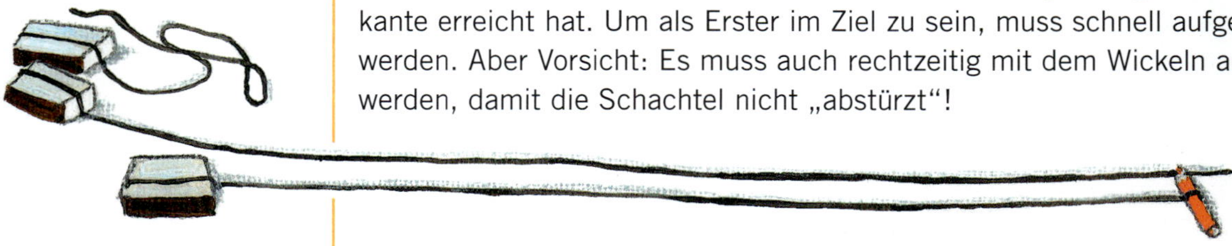

Blindenschrift

TASTSPIEL
Materialien: DIN-A5-Papier, Bleistift; 2–4 Mitspieler

Malen Sie auf DIN-A5-Papierbögen einfache Formen, z. B. ein Haus, ein Herz, einen Ball, ein Auto, einen Mond oder Sterne. Die Kinder sehen diese Formen nicht. Fahren Sie nun mit einem gespitzten, harten Bleistift diese Formen nach. Auf der Rückseite des Papiers entsteht dadurch ein entsprechendes Relief. Legen Sie die Blätter mit der Reliefseite nach oben auf einen Tisch. Jetzt dürfen die Kinder mit verbundenen Augen hereinkommen. Können sie durch Fühlen erraten, um welche Formen es sich handelt?

Blindes Vertrauen

ORIENTIERUNGSSPIEL
Material: Augenbinde; 2 Mitspieler

Verlassen Sie sich ganz auf Ihr Kind! Sie verbinden Ihre Augen und lassen sich von Ihrem Kind sicher durch die Wohnung führen. Dabei beschreibt Ihr Kind genau, wo Sie beide gerade entlanggehen und worauf Sie achten müssen. Sie können die Rollen natürlich auch tauschen. Dann machen Sie den Weg zusätzlich hörbar: Sie klopfen gegen eine Vase oder gegen den Holzrahmen der Tür, drehen einen Schlüssel im Schloss, blättern in einem Buch und so weiter. Kann Ihr Kind hören, wo es sich befindet?

Hinterrücks

Die Kinder sitzen oder stehen im Kreis und halten ihre Hände auf dem Rücken. Jedes Kind bekommt einen Gegenstand: einen Apfel, eine Dose, einen großen Knopf, eine Bürste usw. Sie geben das Kommando „Los!“. Dann werden die Gegenstände jeweils an den rechten Nachbarn weitergegeben, bis Sie „Stopp!“ rufen und ein Kind auswählen, das nun sagen muss, was es hinter seinem Rücken versteckt hält.

VARIANTE: Das Kind sagt nicht, was es in der Hand hält, sondern welchen Gegenstand es gerade an seinen Nachbarn weitergegeben hat.

TASTSPIEL

Materialien: Alltagsgegenstände, die in eine Kinderhand passen, z. B. Apfel, Knopf, Bürste oder Dose; 4–10 Mitspieler

Erinnerung

Machen Sie es sich mit Ihrem Kind beispielsweise im Kinderzimmer oder in der Küche gemütlich. Nun schließt Ihr Kind die Augen und Sie stellen z. B. folgende Fragen:

Welche Farbe hat mein Pullover?
Ist dein Schrank grün?
Trägt deine Puppe ein rotes Kleid?
Was liegt in der Obstschüssel?

Spielen mehrere Kinder mit, dann darf das Kind, das als erstes die richtigen Antworten gegeben hat, die nächsten Fragen stellen.

MERKSPIEL

2–6 Mitspieler

Gewitter und anschließende Reise mit dem Luftballon

ENTSPANNUNGS-SPIEL
2–6 Mitspieler

Ihr Kind wird sich besser konzentrieren können, wenn es lernt, sich bewusst zu entspannen. Vor der Traumreise sollten Sie kurz aktiv werden. Überlegen Sie mit Ihrem Kind, was alles zu einem Gewitter gehört: Sie beginnen das Spiel langsam und leise und werden dann immer lauter und schneller.

Trommeln Sie mit den Fingern auf den Tisch – es regnet.

Machen Sie heulende Geräusche, z. B.: „Huhu" – es stürmt.

Schreien Sie kurz, aber laut und grell auf – es blitzt.

Stampfen Sie laut auf den Boden – es donnert. Wechseln Sie Donner und Blitz sowie Regen und Wind ab.

Zum Schluss flaut das Gewitter ab. Regen, Wind, Blitze und Donner werden leiser, bis sie ganz vorbeigezogen sind.

Nun beginnt die Reise mit dem Luftballon. Machen Sie es sich mit Ihrem Kind bequem. Es legt sich gemütlich auf den Rücken oder den Bauch. Anfangs können die Augen offen bleiben, später sollte die Reise mit geschlossenen Augen genossen werden. Sorgen Sie für eine ruhige Umgebung. Lesen Sie die Geschichte langsam und mit ruhiger, gleichtöniger Stimme vor. Machen Sie bei allen Satzzeichen eine längere Sprechpause.

Die Sonne scheint hell vom Himmel, ein leichter Wind geht durch die Bäume, leicht schwingen die Äste auf und ab. Du machst dich auf zum Luftballonfliegen. Auf einem Festplatz sind viele Menschen. Es wird etwas gefeiert. Doch du gehst an den Buden vorbei, direkt zu den Luftballons. Viele Menschen sind da, viele Erwachsene, viele Kinder. Die Menschen schreiben Karten und binden sie an einen Luftballon. Gerade als du an den Tischen stehst, geht es los: Die Luftballons werden alle gleichzeitig losgelassen und steigen auf. Am liebsten möchtest du mitfliegen, so ruhig steigen die Luftballons in den Himmel hinauf. Und in deiner Fantasie bist du bei ihnen. Du stellst dir vor, dass sich an der Luftballonschnur eine Gondel befindet, in der

du mitfliegen kannst. Ganz klein wirst du in deiner Fantasie, damit der Ballon dich tragen kann. Dann fliegst du los. Der Ballon steigt und du siehst den Festplatz unter dir. Um dich herum steigen die anderen Luftballons und tanzen fröhlich im Wind. Du bist ganz ruhig. Dein Luftballon steigt langsam höher und höher. Ruhig fliegt er dahin, ganz selbstverständlich, so leicht wie dein Atem. Dein Atem geht ein und aus, ganz ruhig und gleichmäßig, ganz von allein. Der Luftballon steigt immer noch langsam höher. Ganz klein ist der Festplatz unter dir geworden. Die Menschen sind Punkte, Erwachsene und Kinder sind gar nicht mehr voneinander zu unterscheiden. Du lässt deinen Blick schweifen. Du siehst Dörfer, Felder, Äcker. Auch Wiesen und grüne Wälder kannst du erkennen. Still ist es hier oben, ganz still. Es gibt nur die Ballons, die Wolken und dich. Die Wolken ziehen in dieselbe Richtung wie du. Du fliegst weiter und schaust dir alles genau an, die Wiesen, die Wälder, die Felder. Ein Fluss kommt in Sicht, an seinem Ufer liegt eine große Stadt. Auch die Stadt siehst du dir genau an: Häuser, Straßen, den Kirchturm, kleine Autos und Menschen. Am Horizont tauchen Berge auf, die du dir auch anschaust. Irgendwo dahinter schimmert das Meer. Langsam wird es Abend, und du musst wieder nach Hause. Ein Schwan nimmt dich mit. Du steigst auf seinen Rücken, und er fliegt weiter, dem Festplatz entgegen. Der Schwan fliegt tiefer. Da ist schon der Festplatz. Ihr landet auf dem kleinen See in der Nähe. Auf einer Insel hat der Schwan sein Nest. Drei Junge sind schon darin. Du bist müde und schläfrig, du legst dich zu ihnen. Dort bei den Schwänen ruhst du dich noch ein wenig aus und schöpfst neue Kraft. Du atmest langsam ein und wieder aus, noch einmal ein und wieder aus. Du spürst, wie sich dein Bauch beim Einatmen anhebt und beim Ausatmen wieder flacher wird.

Nach einer kurzen Sprechpause wird die Entspannungsphase beendet.

Und dann beginnt für dich und die Schwanenjungen ein neuer Tag. Zuerst gähnst du mit den Schwänen ganz laut. Dann reckst und streckst du dich im Liegen. Erst jetzt öffnest du vorsichtig die Augen und schaust dich um. Jetzt machst du dich wieder auf und gehst hinaus in die Welt, voller Neugier und Tatendrang!

(leicht verändert und erweitert nach Volker Friebel u. a.)

Würfeln und malen

KONZENTRATIONSSPIEL

Materialien: Papier, Buntstifte, Farbwürfel; 2–4 Mitspieler

Legen Sie gelbe, grüne, rote und blaue Buntstifte zurecht. Jeder Mitspieler soll nun ein Männchen, ein Haus oder ein anderes vorgegebenes Motiv malen, und zwar jeweils mit den gewürfelten Farben. Gewürfelt wird reihum. Zuvor wird festgelegt, in welcher Reihenfolge die einzelnen Elemente des Kunstwerks entstehen. Beim Haus etwa wird im ersten Durchgang das Fundament gemalt, dann kommen der erste Stock, das Dach, der Schornstein, die Fenster, die Türen, die Wiese, die Bäume, der Himmel und die Sonne. So entstehen ganz unterschiedlich farbenfrohe Bilder, die mitunter wenig mit der Wirklichkeit zu tun haben: mit blauen Wiesen, gelbem Himmel oder roten Bäumen.

Im Labyrinth

AUFMERKSAMKEITSSPIEL

2–6 Mitspieler

Oje! Bruno hat sich von der Leine gerissen und ist weggelaufen! Jan steht im Wald an einer Weggabelung und weiß nicht, welchen Weg er gehen soll. Kannst du ihm dabei helfen, Bruno zu finden?

In der Stadt

Betrachten Sie mit Ihrem Kind das Bild und stellen Sie ihm z. B. folgende Fragen:

Welche Geschäfte entdeckst du?
Was hat der Mann mit dem blauen Hut gekauft?
Wo gibt es Brötchen und Kaffee?
Was möchte die ältere Frau mit dem blauen Rollenkoffer kaufen?
Wo kann man Schuhe reparieren lassen?
Zähle die Kinder auf dem Bild, suche!
Wer schaut aus dem Fenster?
Wo kann man eine Brille kaufen?

SUCHSPIEL

2 Mitspieler

Tastkartenmemo

TASTSPIEL

Materialien: Papier, Schere, Klebstoff; für die Kärtchen: Sand, Büroklammern, verschiedene Bindfäden, Band, unterschiedliches Schleifpapier, Streichhölzer, Tesafilm, getrocknete, blanke Klebespur, Filz oder andere Stoffe, getrocknete Blätter, Gewürze; 2–4 Mitspieler

Basteln Sie mit Ihrem Kind ein Tastkartenmemo aus 24 gleich großen Kärtchen. Schneiden Sie jeweils sechs Kärtchen aus einem A4-Blatt heraus. Verstärken Sie die Kärtchen mit Kartonpapier. Bekleben Sie jeweils zwei Kärtchen mit den gleichen Materialien.
Nun geht das Spiel los: Ihr Kind kann mit verbundenen Augen zwei gleiche Kärtchen ertasten oder erhält von Ihnen eine Karte und sucht nach der passenden zweiten Karte.

Kaspersprache

MERKSPIEL

2–4 Mitspieler

Dieses Spiel verbessert die Merkfähigkeit Ihres Kindes. Sprechen Sie mit Ihrem Kind in der Kaspersprache. Bilden Sie aus zwei, drei, vier, fünf Silben ein Quatschwort ohne Sinn. Sprechen Sie die Quatschwörter vor, lassen Sie Ihr Kind die Wörter anschließend wiederholen. Beginnen Sie mit zwei Silben und steigern Sie die Anzahl, je nach Merkfähigkeit Ihres Kindes. Lassen Sie zwischen den Silben eine Pause von etwa einer Sekunde. Sie können die Silben zusammensetzen, wie Sie möchten.

mo	pe	so	li	ko	ri	be	lu	ga	po
fu	bi	ka	te	me	go	ru	we	fo	se
wi	le	ma	su	ti	nu	mi	to	wa	la
ba	wu	bu	ra	ro	ni	bo	fe	sa	re
ta	ku	wo	ne	pu	gu	si	ke	na	tu
no	gi	fa	ge	pa	fi	lo	pi	mu	ki

(Meike Arends)

Wortreihen merken

MERKSPIEL
2–4 Mitspieler

Auch dieses Spiel trainiert die Merkfähigkeit Ihres Kindes. Nennen Sie zunächst drei Körperteile hintereinander. Lassen Sie Ihr Kind die Körperteile wiederholen. Anschließend nennen Sie Ihrem Kind einen weiteren Körperteil. Nun zählt es aber zunächst die ersten drei Körperteile auf und nennt dann den vierten Körperteil. Dieses Spiel können Sie so lange spielen, bis Ihr Kind einen Begriff vergisst oder die Reihenfolge durcheinanderbringt. Sie können dann – sofort oder nach einer Pause – wieder von vorn beginnen.

Kopf – Mund – Nase
Kopf – Mund – Nase – ***Auge***
Kopf – Mund – Nase – Auge – ***Arm***
Kopf – Mund – Nase – Auge – Arm – ***Bein***
Kopf – Mund – Nase – Auge – Arm – Bein – ***Hand***
Kopf – Mund – Nase – Auge – Arm – Bein – Hand – ***Po***

VARIANTE: Statt der Körperteile können Sie auch Musikinstrumente, Tiere, Farben oder beispielsweise Formen aufzählen. Hier sind der Fantasie keine Grenzen gesetzt! *(nach Meike Arends)*

1-2-3-im Sauseschritt

TANZSPIEL

Materialien: Schlaginstrument oder Kochlöffel und Kochtopf; 2–10 Mitspieler

Bei diesem Spiel können sich die Kinder an den Händen fassen und einen Kreis bilden oder sich frei im Raum bewegen. Geben Sie den Rhythmus mit einem beliebigen Schlaginstrument vor. Sie können den Rhythmus auch verlangsamen, indem Sie nur jede zweite Silbe angeben. Vor dem Refrain laufen die Kinder im Kreis. Sie können auch die Laufrichtung beispielsweise nach „gehen alle Kinder mit" umkehren. Bei dem Wort „bücken" gehen die Kinder in die Hocke, danach strecken sie sich und drehen sich um die eigene Achse. Geklatscht wird parallel zum Singen bzw. Tanzen. Die Kinder stampfen zweimal mit den Füßen, danach bleiben sie stehen.

(Text: Lore Kleikamp, Musik: Detlev Jöcker)

Auf dem Spielplatz

SPRACHSPIEL

2 Mitspieler

In dieser Bildergeschichte ist jeweils der zweite Wortteil durch ein Bild ersetzt worden. Lesen Sie immer bis zum jeweiligen Bild vor. Ihr Kind betrachtet nun das Bild und benennt den Gegenstand, den es darauf erkennt. Wiederholen Sie dann noch einmal gemeinsam das zusammengesetzte Wort. Beim zweiten oder dritten Vorlesen müssen Sie wahrscheinlich auch die ersten Wortteile gar nicht mehr vorlesen, weil sich Ihr Kind den zusammengesetzten Begriff schon gemerkt hat. So können Sie nun die Geschichte gemeinsam vorlesen!

Endlich sind die Regen  *verschwunden. Die Sonne scheint und die Kinder kommen auf den Spiel* *. Philipp und Ercan sitzen schon im Sand* *. Sie wollen eine große Sand*  *bauen. Nora und Tina turnen auf dem Kletter* *. „Passt auf, dass ihr nicht abrutscht“, ruft Tinas Mutter. „Die Kletter*  *sind noch nass.“ Tatsächlich fallen von den großen Kastanien*  *immer noch ein paar Regen*  *herab. Einer trifft Tinas Ellen* *. Das kitzelt. Jetzt kommt Paul mit seinem Drei* *. Seine Mutter schiebt den Kinder*  *mit der kleinen Sofie. Auf diesem Spiel*  *gibt es sogar ein Baum*  *mit einer Strick* *. Paul klettert vorsichtig hoch. Plötzlich ruft er: „Guckt mal, was ich gefunden habe!“ „Was denn?“, wollen die anderen Kinder wissen. Paul hält einen blauen Ruck*  *in die Höhe. „Das ist meiner!“, ruft Ercan, „den habe ich vorhin da oben vergessen!“ Paul wirft ihm den Ruck*  *hinunter. Dabei rutscht eine Brot*  *heraus. Ercan öffnet sie und beißt in sein Butter* *. Dann läuft er wieder zum Sand* *. Die Sand*  *ist fertig. Jetzt feiern alle Kinder ein großes Burg* *.*

(Ute Diehl)

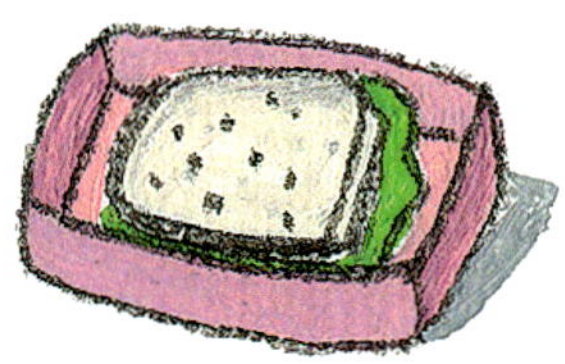

Ein Tag bei Frau Zunge

ZUNGENSPIEL
Material: Handspiegel;
2–6 Mitspieler

Lesen Sie die Geschichte langsam vor und animieren Sie Ihr Kind, die Mundbewegungen mit einem Handspiegel mitzumachen.

Frau Zunge wohnt in einem Haus.	Umfahren Sie mit der Zungenspitze die geöffneten Lippen.
Sie schaut auch mal zum Fenster raus.	Strecken Sie die Zunge gerade heraus.
Sie läuft nach oben und auch runter und winkt der Nachbarin ganz munter.	Bewegen Sie die Zunge bei geöffneten Lippen nach oben, unten bzw. rechts, links.
Sie putzt die Zähne außen und innen	Fahren Sie mit der Zunge die Zahnreihen entlang.
und fegt die Wangen auch noch drinnen.	Beulen Sie die Wangen bei geschlossenen Lippen mit der Zunge aus.
Sie lacht dabei und ist ganz froh und macht zwischendurch dann so:	Blasen Sie die Wangen auf und lassen Sie dann Luft durch die Lippen entweichen.
Den Staubsauger nimmt sie sodann,	Bilden Sie mit der Zunge eine Rinne, pusten Sie durch, saugen Sie Luft ein.
ihr Haus, das wackelt ab und an.	Bewegen Sie die Kiefer auf und ab.
Am Abend legt sie sich zur Ruh	Öffnen Sie den Mund und legen Sie Ihre Zunge auf den „Mundboden".
und schließt ganz schnell ihr Häuschen zu.	Schließen Sie die Zahnreihen und Lippen.

(nach Walburga Brügge und Katharina Mohs)

„Spaghetti" saugen

Für dieses Spiel benötigen Sie z. B. aufgerollte Lakritzschnecken oder „Erdbeerspaghetti" (Fruchtgummi mit Erdbeergeschmack in Spaghettiform). Das Besondere bei diesem Spiel: Ihr Kind verschränkt die Arme hinter dem Rücken und isst die Spaghetti nur mit dem Mund.

VARIANTE: Sie können mit Ihrem Kind auch „Strohhalmball" spielen. Dabei wird Knusperpuffreis durch ein nach Belieben gekürztes Trinkröhrchen angesaugt und weggepustet. Sie können mit Besteck oder auch Gummibärchen kleine Pfosten markieren, die als Tore dienen.

TIPP: Wenn Sie einen längeren und dickeren Strohhalm verwenden, wird diese Übung schwieriger.

ANSAUGSPIEL

Materialien: Fruchtgummi-Spaghetti, Knusperpuffreis; 2–6 Mitspieler

Mundkimspiel

Suchen Sie in der Küche zusammen mit Ihrem Kind nach verschiedenen Lebensmitteln. Verbinden Sie dann Ihrem Kind die Augen. Nun legen Sie einzelne essbare Gegenstände auf seine Zunge, z. B. kleine Rosinen oder Pinienkerne. Errät Ihr Kind, was sich auf seiner Zunge befindet? Bei diesem Spiel darf Ihr Kind die Zunge leicht bewegen und auch gegen den Gaumen drücken.

VARIANTE 1: Legen Sie Ihrem Kind zwei gleiche Dinge auf die Zunge, z. B. zwei in Form eines Dreiecks geschnittene Karottenstücke. Sie können ihm aber auch zwei verschiedene Dinge auf seine Zunge legen, z. B. eine Nuss und ein Apfelstück. Findet Ihr Kind heraus, ob die beiden Lebensmittel gleich oder verschieden sind?

VARIANTE 2: Sie legen Ihrem Kind z. B. ein Apfel- oder Karottenstückchen auf die Zunge. Das Besondere daran: Das Stück hat eine bestimmte Form, z. B. die eines Dreiecks, Kreises oder Vierecks. Errät Ihr Kind die Form?

ZUNGENSPIEL

Materialien: kleine Rosinen, halbe Erdnüsse oder Pinienkerne, Buchstabennudeln, kleine kreisförmig, drei- oder viereckig geschnittene Formen aus Möhren, Kartoffeln oder Äpfeln; 2 Mitspieler

Pip, pap, pep

LIPPENSPIEL
2–6 Mitspieler

Dieses Spiel stärkt die Lippenmuskulatur und diejenige Muskulatur, die für einen kräftigen Luftstrom beim Ausatmen sorgt. Wir sprechen während des Ausatmens umso kräftiger, je gestärkter die Muskulatur ist, die das Ausatmen reguliert. Lesen Sie Ihrem Kind den Vers vor und animieren Sie es, kräftig mitzumachen. Betonen Sie immer besonders das „P“ und beachten Sie die Bewegungsanregungen der jeweils zweiten Verszeile.

Pip – pip – pip
spiel doch einmal mit!
Pip – pap – pap
*die Unterli**pp**e hängt hera**b**.*
Piep – piep – piep
der Mund, der ist ganz schief.
Pap – pap – pap
*eine Seite zieht hina**b**.*
Papp – papp – papp
alles ist wieder glatt.
Pup – pup – pup
der Mund, der ist jetzt zu.
Pup – pup – pip
*die Li**pp**en sind sehr spitz.*
Pep – pep – pep
*alles Li**pp**enrot ist weg.*
Paup – paup – paup
der Mund ist ganz weit auf.
Peip – peip – peip
*nun sind die Li**pp**en **b**reit.*
Poip – poip – poip
*darüber **b**in ich sehr erfreut.*

(Iris Adams u. a.)

Pusten, pusten, pusten

Sanftes, gezieltes oder kräftiges Pusten verbessert die Aussprache Ihres Kindes. Es lernt durch Pustespiele, seine Ausatemluft für eine genaue Aussprache von Lauten zu nutzen. Gleichzeitig stärkt es seine Sprechmuskeln.

Wattefußball: Setzen Sie sich Ihrem Kind an einem Tisch gegenüber, z. B. dem Wohnzimmer- oder Küchentisch. Pusten Sie sich nun gegenseitig ein Watteböllchen oder einen Tischtennisball zu. Dabei darf der Ball nicht vom Tisch fallen. Machen Sie zwischendurch Pausen, damit niemandem vom vielen Pusten schwindelig wird.

VARIANTE: Mehrere Kinder legen ihre Arme seitlich auf eine Tischkante. Ein Spieler beginnt und pustet gegen einen Tischtennisball. Die anderen Kinder müssen den Ball zurückpusten, damit er nicht ihre Arme berührt. Stößt er doch an einen Arm, dann bekommt das Kind einen Punkt. Gewonnen hat der Spieler mit den wenigsten Punkten.

Mäuse pusten: Basteln Sie eine Wattemaus. Kleben Sie dazu an ein Wattebällchen zwei Papierohren und einen Schwanz aus Wolle. Setzen Sie sich Ihrem Kind gegenüber an einen Tisch. Vor Ihnen liegen verteilt kleine Spielsteine aus Holz. Stellen Sie nun leckere Käsestückchen darauf. Ziel des Spiels ist es, die Maus zu ihren Käsestückchen zu pusten. Hat die Maus ein Käsestück erreicht, darf dieses gegessen werden.

Wollschaf: Zeichnen Sie die Umrisse eines Schafes auf ein DIN-A5-Blatt. Bestreichen Sie das Bild mit einem Klebestift und pusten Sie mit Ihrem Kind dann kleine Wattebällchen auf das Schaf, bis es am ganzen Körper mit Wolle bedeckt ist. Danach können Sie das Schaf ausschneiden.

Klebebild: Gestalten Sie gemeinsam ein Klebebild. Bestreichen Sie ein Blatt Papier an einigen Stellen mit einem Klebestift. Pusten Sie nun mit Ihrem Kind bunte Papierschnipsel von der Hand auf das Blatt. Bald ist ein kleines Kunstwerk entstanden!

Bausteinparcours: Legen Sie aus Bausteinen einen stabilen, etwa zwei Meter langen Hindernisparcours. Pusten Sie nun zusammen mit Ihrem Kind ein leichtes Plastikauto durch den Parcours, bis das Auto das Ziel erreicht.

ATEMSPIEL

Materialien: variieren je nach Spielwahl, z. B.: Wattebällchen, buntes Papier, Kleber, Wolle, Bausteine, leere Streichholzschachteln, Käsestückchen, Schere; 2 Mitspieler

SPRECHSPIEL
2–10 Mitspieler

Zungenbrecher

Mit Zungenbrechern können Sie spielerisch die Aussprache Ihres Kindes verbessern. Sprechen Sie Ihrem Kind die Verse zeilenweise vor. Kann es die Verse nachsprechen? Lesen Sie einen Vers mehrmals und erhöhen Sie allmählich das Sprechtempo, ohne sich dabei zu versprechen!

Blaukraut bleibt Blaukraut und
Brautkleid bleibt Brautkleid.

Der Cottbusser Postkutscher
putzt den Cottbusser Postkutschenkasten.

Esel essen Nesseln nicht.
Nesseln essen Esel nicht.

Flotte, flinke Fellflicker
flicken flink feine Felle.

Hinter Hermann Hansens Haus
hängen hundert Hemden raus.

Die Katze tritt die Treppe krumm!

Oberpoppel Hoppelhase
hoppelt in dem Stoppelgrase.

Schneiders Schere schneidet scharf,
scharf schneidet Schneiders Schere.

Der Tausendfüßler Theodor
trägt tausend Turnschuh durch das Tor.

In Ulm, um Ulm und um Ulm herum.

Zwischen zwei Zwetschenbaumzweigen
zwitschern zwei geschwätzige Schwalben.

(überliefert)

Silben klatschen

SILBENSPIEL
2–10 Mitspieler

Dieses Spiel fördert die Sprachwahrnehmung Ihres Kindes. Lesen Sie die Wörter langsam, aber zusammenhängend vor. Ihr Kind sollte nun versuchen, die Silben durch Klatschen herauszufinden. Helfen Sie ihm am Anfang dabei. Nehmen Sie seine Hände in Ihre Hände und klatschen Sie die Wortsilben zusammen. (Beispiel: Das Wort „Krokodil“ besteht aus den drei Silben Kro-ko-dil.)

Lama = La-ma zwei Silben
Igel = I-gel zwei Silben
Löwe = Lö-we zwei Silben
Papagei = Pa-pa-gei drei Silben
Giraffe = Gi-raf-fe drei Silben
Warzenschwein = War-zen-schwein drei Silben
Seepferdchen = See-pferd-chen drei Silben
Honigbiene = Ho-nig-bie-ne vier Silben
Koalabär = Ko-a-la-bär vier Silben
Regenwürmer = Re-gen-wür-mer vier Silben
Dinosaurier = Di-no-sau-ri-er fünf Silben
Marienkäfer = Ma-ri-en-kä-fer fünf Silben

VARIANTE: Denken Sie sich weitere Wörter zum Silbenklatschen aus. Sobald Ihr Kind bis fünf zählen kann, lässt sich auch gemeinsam herausfinden, ob zwei Wörter die gleiche Anzahl an Silben haben.

Da stimmt was nicht!

LAUTSPIEL
2–10 Mitspieler

Auch dieses Spiel fördert die Sprachwahrnehmung Ihres Kindes. Bei den zusammengesetzten Wörtern sind die Anfangslaute vertauscht. Lesen Sie diese vor. Lassen Sie Ihr Kind herausfinden, wie die Wörter richtig lauten.

***Pl**okapier (Klopapier), **D**au**sh**ach (Hausdach), **M**asch**w**aschine (Waschmaschine), **K**osinen**r**uchen (Rosinenkuchen), **B**elefon**t**uch (Telefonbuch), **W**uppen**p**iege (Puppenwiege), **S**uck**r**ack (Rucksack), **St**ummi**g**iefel (Gummistiefel), **L**asch**w**appen (Waschlappen), **T**osen**h**asche (Hosentasche), **Tr**eller**k**eppe (Kellertreppe)*

Tätigkeiten oder Dinge raten

PANTOMIMESPIEL
Materialien: Schaumstoff, Schere, Abbildungen von Tätigkeiten oder Gegenständen, Klebstoff; 2–20 Mitspieler

Schneiden Sie aus einem Stück Schaumstoff einen Würfel. Die Seitenlänge sollte ca. 3 cm betragen. Alternativ können Sie auch einen Schaumstoffwürfel kaufen. Bekleben Sie die Seiten des Würfels mit Abbildungen von Tätigkeiten, z. B.: Kochen, Essen, Singen, Hüpfen, Laufen, Schlafen.
Nun beginnt das Spiel. Legen Sie gemeinsam fest, ob eine Tätigkeit erklärt, gemalt oder vorgespielt werden soll. Dann würfelt eines der Kinder, ohne dass die anderen dabei zusehen können. Die Tätigkeit, die der Würfel anzeigt, muss jetzt von den anderen Kindern erraten werden, indem sie entweder erklärt, gemalt oder vorgespielt wird.

VARIANTE: Bekleben Sie die Seiten des Würfels mit Abbildungen von Gegenständen. Ihr Kind würfelt und kann dann aufzählen, was man mit den einzelnen Gegenständen machen kann. Suchen Sie doch anschließend in der Wohnung oder draußen gemeinsam nach den Gegenständen.

Blinde Kuh

ORIENTIERUNGS-SPIEL
Materialien: Topf, Kochlöffel, Tuch, Kastanie, Baustein, Lappen, Puppenhose, Apfel, Stift; 2–20 Mitspieler

Verbinden Sie Ihrem Kind die Augen. Verstecken Sie dann unter einem Topf einen Gegenstand. Mit einem Holzlöffel sucht Ihr Kind nun den Topf. Unterstützen Sie es durch die Hinweise „heiß" bei Annäherung an den Topf bzw. „kalt" beim Entfernen vom Topf. Ist er gefunden, bieten sich drei Spielvarianten an:

VARIANTE 1: Das Kind errät den Gegenstand unter dem Topf durch Erfragen.

VARIANTE 2: Der Gegenstand unter dem Topf wird durch Ertasten erraten.

VARIANTE 3: Verstecken Sie eine „Schatztruhe" im Zimmer. Darin befindet sich eine größere Anzahl von Gegenständen. Verbinden Sie Ihrem Kind die Augen. Hat es dann die Truhe gefunden, kann es die einzelnen Dinge durch Tasten erraten.

Die kleinen Dinge angeln

SPRACHSPIEL

Materialien: Stock, Schnur, Magnet, Büroklammern, Kleber; 2–6 Mitspieler

Mit diesem Spiel kann Ihr Kind Adjektive üben. Basteln Sie aus einem Stock eine Angel, indem Sie am Stockende eine Schnur mit einem Magneten befestigen. Suchen Sie gemeinsam nach Bildern von Gegenständen und schneiden Sie diese aus. Verstärken Sie die Ausschnitte mit Karton und kleben Sie Büroklammern daran. Verteilen Sie die Gegenstände auf einem Tisch. Jetzt kann Ihr Kind alle kleinen Gegenstände angeln und benennen.

VARIANTE: Sie können auch vorher festlegen, was geangelt werden soll, z. B. große, dicke, lange, breite, schöne, hässliche oder blaue Gegenstände.

Welche Farbe hat deine Hand?

MALSPIEL

Materialien: große Rolle Packpapier oder Tapetenrolle, Fingermalfarbe; 2–20 Mitspieler

Mit diesem Spiel übt Ihr Kind die Farben. Stellen Sie einige Fingerfarben bereit und legen Sie den Fußboden mit Papier aus. Ihr Kind darf nun eine Farbe benennen, mit der Sie dann seine Hände und Füße bemalen. Jetzt läuft Ihr Kind auf dem ausgelegten Papier umher und macht Abdrücke mit seinen Händen und Füßen. Anschließend darf sich Ihr Kind mit einer anderen Farbe, die es ebenfalls benennen muss, selbst Hände und Füße bemalen. Besonderen Spaß macht es ihm vielleicht, wenn es auch Ihre Hände und Füße mit Farben, die es zuvor richtig benennt, bemalen darf! Sind Abdrücke von Kinder- und Erwachsenenfüßen auf dem Papier, lassen sich z. B. der größte blaue Fuß oder die kleinste rote Hand bestimmen.

Was riechst du?

RIECHSPIEL

Materialien: Apfel, Kindershampoo, Käse, Brot, Gewürze; 2–4 Mitspieler

Legen Sie einige Gegenstände bereit, deren Geruch Ihr Kind kennen könnte. Verbinden Sie ihm die Augen und lassen Sie es an einem der vorbereiteten Gegenstände riechen. Fragen Sie Ihr Kind, um was es sich handelt. Ihr Kind darf mehrmals an einem Gegenstand riechen, ihn aber nicht anfassen.

Reimwörter

REIMSPIEL
2 Mitspieler

Betrachten Sie mit Ihrem Kind die verschiedenen Bilderreihen. Zwei der drei dort abgebildeten Gegenstände reimen sich. Finden Sie gemeinsam die Begriffe für die Gegenstände, benennen Sie diese und lassen Sie Ihr Kind heraushören, welche Wörter sich reimen.

Aufregung um Bruno

Das ist Brunos nächstes Abenteuer. Auch hier können Sie nach dem Vorlesen wieder etliche Fragen stellen, z. B.: „Warum ist Lisa traurig? Wie heißt der Dackel des Nachbarn? Was trägt Herr Meyer auf dem Kopf?“

VORLESEN UND MITSPIELEN
2–6 Mitspieler

Lisa hüpft fröhlich die Treppe hinunter. Es ist Sonntag, und sie will mit Bruno im Garten spielen. Aber sein Platz ist leer. Lisa läuft durch die Küche. Die Tür zum Garten ist geöffnet. Am Gartenzaun geht Herr Meyer mit seinem Dackel Waldi vorbei. „Guten Morgen“, sagt Lisa. „Haben Sie Bruno gesehen?“ „Guten Morgen, Lisa“, grüßt Herr Meyer und hebt seinen braunen Hut mit der gestreiften Feder in die Luft. Er schüttelt seinen Kopf. „Nein.“ „Dann frag ich jetzt Mama“, sagt Lisa.
Mama kommt gerade mit Anna in die Küche. „Ich kann Bruno nicht finden!“, ruft Lisa aufgeregt. „Na, dann wird er wohl bei Jan sein“, meint Mama. Sofort rennt Lisa die Treppe hoch und reißt Jans Zimmertür auf. „Ist Bruno bei dir?“, fragt sie atemlos. „Nö, der ist bestimmt im Garten“, knurrt Jan und zieht sich seine Decke über den Kopf. „Nein, da ist er nicht.“ Jetzt ist Jan wach. „Hast du Papa gefragt?“ In diesem Moment hören sie das Wasser in der Dusche plätschern. „Papa duscht“, sagt Lisa. Und in der Dusche ist Bruno bestimmt nicht!
„Bruno ist nicht bei Jan!“, ruft Lisa Mama zu. Jetzt laufen alle in den Garten und rufen laut „Bruno, Bruno!“ Anna knabbert aufgeregt an ihrem Brötchen. Plötzlich sieht Jan, dass das Gartentor angelehnt ist. „Da“, ruft er und deutet auf das Tor, „bestimmt ist er weggelaufen.“ Papa kommt in den Garten. „Bruno ist weg“, ruft Jan ihm zu. Aber Papa bleibt ganz ruhig stehen. „Komm!“ Jan zerrt an seiner Hand. „Wenn er auf die große Straße läuft! Da sind doch so viele Autos!“
„Macht er schon nicht“, meint Papa und grinst. „Ich hab ihn nämlich rausgelassen.“ „Na, du bist ja gut“, meint Mama. „Unsere neuen Nachbarn, die Webers, haben ihn heute Morgen zum Spaziergang mitgenommen“, erklärt Papa. Da kommt Bruno zum Gartentor hereingestürmt und hinter ihm an der Leine Herr Weber – mit einem ziemlich roten Kopf. „Ganz schön schnell, Ihr Bruno“, schnauft er. Bruno rennt sofort zu Lisa, Jan und Anna. Lisa lacht und legt ihre Arme um Brunos Hals. „Schön, dass du wieder da bist.“ *(Ute Diehl)*

SPRACHSPIEL

2 Mitspieler

Zusammengesetzte Wörter

Betrachten Sie mit Ihrem Kind die einzelnen Bilder auf dieser Seite. Welche passen zusammen? Überlegen Sie gemeinsam mit Ihrem Kind. Dadurch entwickelt es ein Verständnis für zusammengesetzte Wörter. Wer findet die meisten Wörter?

VARIANTE: Sie können auch Quatschwörter bilden, das wird Ihrem Kind viel Freude machen. Wie wäre es z. B. mit „Mäuseschuh“ oder „Schlüsselbürste“?

Aus einem Wort wird ein ganzer Satz

KREATIVSPIEL
2–6 Mitspieler

Dieses Spiel hilft Ihrem Kind, Sätze zu bilden. Sie könnten z. B. das Wort „Eis“ sagen. Nun ist Ihr Kind an der Reihe und bildet einen Satz mit dem Wort „Eis“, z. B.: „Eis schmeckt gut.“ Sie können Ihr Kind auch unterstützen, indem Sie einen Satz mit Lücken vorgeben, etwa: „Eis schmeckt …“ Findet Ihr Kind darauf keine Antwort, könnten Sie auch die Frage formulieren: „Wie schmeckt Eis?“
Folgende Beispiele dienen als Anregung, Sie können natürlich beliebig viele andere Wörter und Sätze bilden:

Topf: *Der Topf ist groß. Der Topf hat einen Deckel.*
Hund: *Der Hund bellt. Der Hund frisst.*
Auto: *Das Auto fährt langsam. Papa hat ein Auto.*
Bonbon: *Ich mag Bonbons. Bonbons sind süß.*
Äpfel: *Äpfel schmecken süß. Äpfel sind gesund.*
Telefon: *Das Telefon klingelt. Oma ist am Telefon.*

Feensteine

SPRACHSPIEL
Material: Muggelsteine;
2 Mitspieler

Ihr Kind macht es sich vor Ihnen auf dem Boden bequem. Es liegt auf dem Bauch oder Rücken, je nachdem, was es lieber mag. Verbinden Sie ihm die Augen. Nun legen Sie vorsichtig einen Muggelstein o. Ä. auf einen beliebigen Körperteil. Während Sie den Stein hinlegen, fragen Sie: „**Wohin** legt die Fee den Feenstein?“ Ihr Kind soll nun erst auf den Stein zeigen und dann möglichst in vollständigen Sätzen antworten, z. B.: „Die Fee hat den Feenstein auf meine Stirn gelegt“. Anfangs kann Ihr Kind auch verkürzt antworten, z. B.: „… auf **den** Kopf.“

HINWEIS: Wichtig ist bei diesem Spiel, dass Ihr Kind auf die Frage „Wohin?“ mit dem 4. Fall (Akkusativ) antwortet, z. B.: „… auf den Bauch, auf den Arm, auf den Mund, auf die Nase, auf die Stirn, auf das Ohr …“

Eine Fingergeschichte

FINGERSPIEL
2–10 Mitspieler

Erzählen Sie die Geschichte. Benutzen Sie dabei Ihre eigenen Finger oder die Ihres Kindes.

Zeigefinger: *Es war einmal ein Finger. Ganz gekrümmt und schüchtern kam er auf die Welt. Vorsichtig hob er den Kopf, schaute sich um, schnupperte hin und her und erkundete die Welt. Dann richtete er sich steil auf und war stolz auf alles, was er konnte:*
auf jemanden zeigen, jemandem drohen,
in der Nase bohren und bis eins zählen.
Aber er war schrecklich allein.

Mittelfinger: *Da kam ein zweiter Finger dazu, ein ganz langer. Der streichelte den kleinen zur Begrüßung über den Nagel. Dann spielten sie zusammen. Sie konnten:*
eine Schere machen und am Kopf kratzen,
den Nasenrücken reiben und bis zwei zählen.

Daumen: *Da kam ein dritter Finger dazu, ein ganz dicker! Der streichelte den beiden Fingern zur Begrüßung die Fingerkuppen. Dann spielten sie zusammen. Sie konnten:*
schnipsen und schnalzen,
Salz über das Ei streuen und bis drei zählen.

Ringfinger: *Da kam der vierte Finger. Er war sehr ungeschickt. Trotzdem konnte er mit den anderen spielen. Sie konnten:*
miteinander kämpfen,
eine Tasse Kakao vornehm zum Mund führen und bis vier zählen.

Kleiner Finger: *Plötzlich kam noch ein fünfter Finger hinzu, ein ganz kleiner. Den wollten die anderen Finger beschützen. Doch er war frech und riss immer wieder aus. Aber zu fünft konnte sie jetzt:*
eine Faust machen,
streicheln, zupacken und bis fünf zählen.

Und mit der ***ganzen Hand*** *kannst du wunderbar streicheln.**

Ein Tag im Leben des Herrn von Kauz

In dieser Geschichte stimmt so einiges nicht! Lesen Sie Ihrem Kind die Geschichte vor. Es darf Sie unterbrechen, sobald ihm etwas komisch vorkommt. Lassen Sie sich dann gleich auch erzählen, wie es tatsächlich sein müsste.

AUFMERKSAMKEITSSPIEL
2–6 Mitspieler

Am 32. November muss Herr von Kauz wohl mit dem falschen Fuß aufgestanden sein. Denn an diesem Tag sollte nichts so laufen, wie er es gewohnt war. Eigentlich merkte er erst, dass etwas nicht stimmen konnte, als er seine Anzughose aus dem Kühlschrank holte. Es war kalt am Popo.
Beim Zähneputzen schmeckte die Zahncreme nach Schokolade. Und zu allem Überfluss hatte der Hamster im Käfig heute seine Mütze verkehrt herum auf und zwinkerte ihm wissend zu. Wenigstens sein Frühstückskakao schmeckte wie gewohnt nach Leberwurst. Für seine Arbeit schmierte er sich noch schnell gefrorene Stullen, zog seine Wintersandalen an und machte sich sodann mit dem Dreirad seines Hundes auf den Weg.
Das Wetter war ausgesprochen schön. Es regnete kleine Kätzchen und der Wind blies auf der Tuba. Im Büro angekommen, machte er sich sofort an die Arbeit und legte sich schnurstracks ins Bett. Er schlief tapfer bis zum Feierabend durch. Erst sehr spät kam er aus dem Büro. Der viereckige Mond stand schon strahlend grün am Himmel. Glücklicherweise war es so warm, dass sein Atem Wölkchen in die Luft malte. Zum Abend traf er sich mit Freunden und spielte „Mensch ärgere Dich!“. Er hatte Glück und würfelte eine Sieben nach der anderen.
Plötzlich aber wurde er so müde, dass ihm ständig die Augen aufgingen. Er hieß seine Freunde deshalb „Herzlich willkommen“ und fuhr mit dem Dreirad seines Hundes nach Hause. Zu Hause angekommen zwinkerte er seinem Hamster mit Mütze noch aufmunternd zu, putzte sich schnell seine Zehen, stellte sich ins Bett, machte das Licht an und schlief ein.

(Dieter Siebert und Sandra Niebuhr-Siebert)

Bärendomino

KOMBINATIONS-
SPIEL

Material: Gummibärchen;
2–6 Mitspieler

Aus einer Tüte Jumbogummibärchen werden zwei verschiedenfarbige Bären gezogen und nebeneinander auf den Tisch gelegt. Nun bekommt jeder Spieler zehn oder zwanzig Gummibärchen, die er in eine kleine Schüssel legt, sodass die anderen Kinder sie nicht sehen können. Das jüngste Kind beginnt. Gespielt wird reihum wie beim Domino: Der Reihe nach legt jeder rechts oder links ein farblich passendes Bärchen an. Liegen zwei gleichfarbige Bären nebeneinander, darf eine beliebige andere Farbe angelegt werden. Wer als erster keine Bärchen mehr hat, ist Sieger.

Kunterbuntes Domino

SPRACHSPIEL

Materialien: Alltagsgegenstände wie Bausteine, Stifte, Haargummis, Knöpfe; 2–6 Mitspieler

Auf einem Tisch liegen verschiedene Alltagsgegenstände. Mehrere Kinder suchen sich nun reihum so viele Dinge aus, bis alle gleich viele Gegenstände gesammelt haben. Wichtig ist, dass ein Gegenstand übrig bleibt, z. B. ein roter Legostein. Ein Spieler fängt an und legt etwas daneben, das dem Legostein in einer Eigenschaft ähnelt, das können Form, Farbe oder Material sein. Der nächste Spieler legt dann z. B. ein rotes Armband daneben. Das nächste Kind gibt einen silbernen Ring ab, also auch ein Schmuckstück. Dann könnte ein kleiner Ball, der wie der Ring rund ist, abgelegt werden und so weiter! Gewonnen hat der Spieler, der als erster alle seine Gegenstände abgelegt hat.

Tierball

LAUTSPIEL

Material: Ball;
4–10 Mitspieler

Bei diesem Spiel bilden die Kinder einen Kreis. Ein Spieler steht in der Kreismitte und hat einen Ball in der Hand. Diesen wirft er einem anderen Mitspieler zu und ruft dabei: „Ich bin ein Hund“. Jetzt muss dieser Mitspieler sofort den richtigen Tierlaut nachahmen und den Ball fangen. Hat er beides geschafft, dann darf er nun in die Mitte des Kreises gehen und sich ein neues Tier ausdenken. Wird ein falscher oder gar kein Tierlaut wiedergegeben beziehungsweise der Ball nicht gefangen, dann bleibt der Spieler in der Mitte stehen und denkt sich ein neues Tier aus.

Alle Vögel fliegen hoch

KONZENTRATIONS-SPIEL
4–8 Mitspieler

Die Kinder legen ihre Hände vor sich auf den Tisch und rufen: „Alle Vögel fliegen hoch!“ Gleichzeitig heben sie ihre Hände vom Tisch hoch in die Luft. Nun rufen Sie weiter: „Alle Amseln (Tauben, Papageien, Fliegen, Bienen …) fliegen hoch. Zwischendurch lassen Sie aber auch Tiere oder Gegenstände fliegen, die das gar nicht können, z. B. Katzen, Kühe, Ziegen …“. Auch dabei heben Sie Ihre Arme. Wenn eines der Kinder aber die Katze, die Ziege oder das Pferd fliegen lässt, scheidet es aus. Das Kind, das übrig bleibt, hat gewonnen.

Drei Dinge

KREATIVSPIEL
Material: Memokarten;
2–6 Mitspieler

Legen Sie einen Stapel Memokarten auf den Tisch. Die Bilder sind verdeckt. Jetzt zieht Ihr Kind eine Karte, auf der z. B. ein schwarzer Schuh abgebildet ist, und sagt: „Der Schuh ist schwarz.“ Sie müssen nun drei Gegenstände, die ebenfalls schwarz sind, nennen. Danach ziehen Sie eine Karte, z. B. eine Blume, und sagen: „Die Blume riecht gut.“ Nun nennt Ihr Kind drei Dinge, die gut riechen, und so weiter. Es kann also um ganz verschiedene Eigenschaften der abgebildeten Gegenstände gehen, z. B. bei Autos um Geschwindigkeit oder bei abgebildeten Schneeflocken um Kälte.

Ausgeschnitten

MERKSPIEL
Materialien: Bilder, DIN-A4-Pappkarton;
2 Mitspieler

Schneiden Sie in einen Pappkarton kleine Löcher, die etwa so groß wie ein 2-Cent-Stück sind, aber nicht unbedingt rund sein müssen. Legen Sie diesen Karton nun auf ein Bild, das Sie sich zuvor gemeinsam angeschaut haben, z. B. auf eines der Wimmelbilder in diesem Buch. Jetzt sind nur noch kleine Ausschnitte aus dem Bild zu sehen, und Ihr Kind beschreibt, was sich jeweils im Umkreis dieser sichtbaren Bildausschnitte befindet. Nehmen Sie anschließend den Karton vom Bild. War die Beschreibung richtig?

Himmel und Hölle

FINGERSPIEL

Material: Papier (21 x 21 cm) aus einem DIN-A4-Papier zuschneiden); 2–4 Mitspieler

Himmel und Hölle ist ein uraltes Fingerspiel, das von Generation zu Generation weitergegeben wurde.

1. 

2. 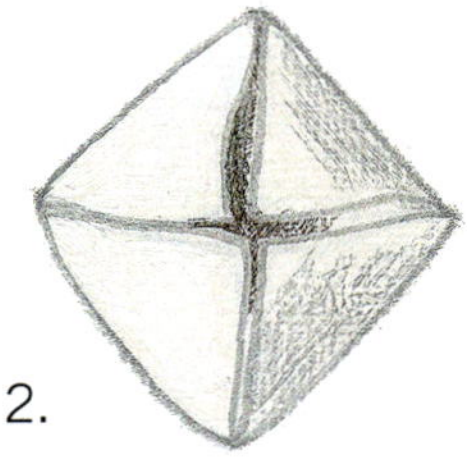

3. 

4. 

5. 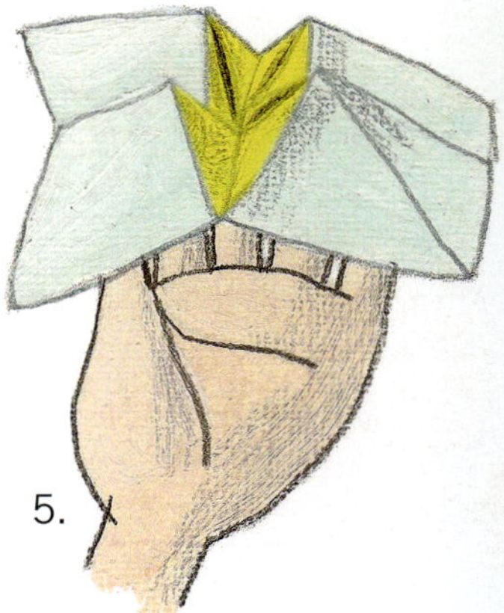

Diese Falttechnik ist besonders einfach:

1. Falten Sie ein quadratisches Papier vertikal und horizontal.
2. Falten Sie es wieder auf und knicken Sie die vier Ecken zur Mitte.
3. Nun drehen Sie das Papier um und falten die vier Ecken wiederum zur Mitte.
4. Jetzt werden die vier sichtbaren dreieckigen Formen abwechselnd gelb und rot angemalt.
5. Mit den Fingern können Sie jetzt unter die Quadrate auf der Rückseite fassen – und mit dem Spiel beginnen!

Anfangs wird die Papierfigur immer mit den Fingern fest zusammengehalten, sodass die gelben und roten Flächen nicht erkennbar sind. Spielen Sie z. B. ein Fragespiel, dabei bedeuten die gelben Felder „Ja" und die roten Felder „Nein". Nun werden einfache Fragen gestellt, die mit „Ja" oder „Nein" beantwortet werden können, wie z. B.: „Können Kühe bellen?" oder: „Ist Wasser nass?" Einer der Mitspieler entscheidet, welche Seite aufgeklappt wird. Passt die Farbe zur Antwort, erhält er einen Punkt, ist sie falsch, bekommt der andere Spieler einen Punkt.

4 – 6 Jahre

Satzbaumeister und Sprachjongleure

Rückenmaler

TASTSPIEL

Materialien: Sandpapier, Kartonpapier, Kleber, Schere; 2–10 Mitspieler

Schneiden Sie aus Sandpapier verschiedene Formen aus, z. B.: ein Dreieck, ein Viereck, einen Kreis, einen Mond, eine Sonne, einen Stern, einen Baum und eine Spirale. Die Formen sollten ca. fünf Zentimeter groß sein. Verstärken Sie alle Formen mit Kartonpapier. Mit verbundenen Augen ertastet Ihr Kind mit den Fingerspitzen eine der Sandpapierformen und malt diese anschließend auf Ihren Rücken. Jetzt müssen Sie erraten, was Ihr Kind ertastet und auf Ihren Rücken gemalt hat. Sie können auch die Spielrollen wechseln.

VARIANTE: Geübte Rückenmaler können die Sandpapierformen auch mit den Zehenspitzen ertasten.

Herbstspaziergang

TASTSPIEL

Materialien: Kastanien, Eicheln, Bucheckern, Blätter, Nüsse, Zapfen, Moos, Wurzeln, Steine; 2 Mitspieler

Sammeln Sie bei einem Herbstspaziergang im Wald Kastanien, Blätter, Nüsse o. Ä. Füllen Sie jeweils eine Sorte in einen Schuhkarton. Verbinden Sie Ihrem Kind die Augen. Nun ertastet es mit dem bloßen Fuß die Inhalte der einzelnen Schachteln. Halten und führen Sie Ihr Kind, damit es nicht das Gleichgewicht verliert oder über eine Kiste stolpert. Fragen Sie Ihr Kind, wie sich die Materialien anfühlen, z. B. ob sie weich, glatt, spitz, rau, warm oder kalt sind.

Tierfingerpuppen

FINGERSPIEL

Materialien: Fingerpuppen, Filzstifte; 2 Mitspieler

Stülpen Sie fünf Fingerpuppen auf die Finger Ihres Kindes. Bestimmen Sie mit Ihrem Kind, welche Puppe welches Tier darstellt.

VARIANTE: Sie können die Fingerpuppen auch auf die Finger malen. Ahmen Sie nun eine Tierstimme nach. Ihr Kind bewegt jetzt nur den Finger, der das entsprechende Tier darstellen soll.

Ballonfahrt

Die Kinder bilden auf dem Rücken liegend mit ihren Füßen einen Kreis von ca. zwei Metern Durchmesser. Ein Kind ruft den Namen eines anderen Kindes und stößt ihm mit den Füßen einen Luftballon zu. Bei diesem Spiel wird nur im Liegen und mit den Füßen geworfen. Der Ballon darf dabei den Boden nicht berühren.

KOORDINATIONSSPIEL

Material: Luftballon; 4–8 Mitspieler

Zeitung füßeln

Legen Sie eine alte Zeitung zusammengelegt auf den Boden. Fordern Sie Ihr Kind auf, die Zeitung mit den Zehen aufzuschlagen, dann zusammenzufalten und im Anschluss daran wieder aufzublättern. Als Nächstes hüpft Ihr Kind auf einem Bein und transportiert einzelne Zeitungsseiten mit den Zehen des anderen Beines vom einen zum anderen Ende des Zimmers. Zum Schluss kann Ihr Kind mit den Zehen die Zeitung in möglichst viele kleine Schnipsel zerreißen.

GESCHICKLICHKEITSSPIEL

Material: Zeitung; 2 Mitspieler

Blindlauf

Bei diesem Spiel bauen Sie den Kindern einen kleinen Parcours bestehend aus einem Seil, einem Reifen und einem Kissen, die Anordnung können Sie sich frei überlegen. Dem ersten Kind werden die Augen verbunden. Es bewegt sich langsam durch den Parcours und hört dabei auf die Anweisungen eines weiteren Kindes wie z. B. „rechts“, „links“, „geradeaus“, „darübersteigen“ o. Ä. Danach wechseln die Kinder ihre Rollen. Die Anordnung des Parcours kann zwischendurch verändert werden.

VARIANTE: Wenn Kindern Schwierigkeiten haben, nur durch die Anweisungen den Parcours zu durchlaufen, können sie an der Hand des führenden Kindes laufen.

ORIENTIERUNGSSPIEL

Materialien: Seil, Reifen, Kissen; 2–20 Mitspieler

Tastlabyrinth

TASTSPIEL

Materialien: DIN-A3-Pappkarton, Senfkörner, Kümmel, Nelken, Anissterne, Pfefferkörner, Wacholderbeeren, Bucheckern, Pflanzensamen, kleine Kieselsteinchen, Buchstabennudeln und andere kleinere Nudelarten, Krepppapier, Sand und Klebstoff;
2–6 Mitspieler

Basteln Sie mit Ihrem Kind ein Tastlabyrinth. Das fertige Labyrinth können Sie als Bild an die Wand hängen oder an die Wand stellen. Nehmen Sie einen DIN-A3-Pappkarton zur Hand. Suchen Sie gemeinsam nach Baumaterial für Ihre Labyrinthstraßen. Es bieten sich kleinere Dinge an, die man auf Papier kleben kann. Eine Labyrinthstraße könnte unsichtbar sein, indem man einfach nur mit Klebstoff eine Straße zieht und diese gut trocknen lässt.
Weitere Labyrinthstraßen bauen Sie, indem Sie Spiral- oder Schlangenlinien aus flüssigem Klebstoff über das Papier ziehen und die unterschiedlichen Materialien aufbringen. Wenn Sie alle Straßen gezogen haben und diese gut getrocknet sind, verteilen Sie Klebstoff über die leeren Zwischenflächen und streuen Sie Sand auf. Sobald der Kleber getrocknet ist, drehen Sie das Blatt einmal um, sodass der restliche Sand abbröseln kann.
Nun verbinden Sie Ihrem Kind die Augen. Legen Sie einen Finger des Kindes (anfangs am besten den Zeigefinger) auf den Anfang des Labyrinths. Nur der Finger darf auf des Labyrinths entlangfahren. Ziel ist es, mit dem Finger nicht davon abzukommen und das Ende der Labyrinthstraße zu erreichen.

Rollen und Spüren

TASTSPIEL

Materialien: vier Bauklötze, ein Seil, vier Wäscheklammern, eine Augenbinde, eine Decke; 2 Mitspieler

Verstecken Sie unter einer ausgebreiteten Decke einen vorher gezeigten Bauklotz oder ein Seil. Ihr Kind weiß nicht, was Sie unter die Decke legen. Nun rollt sich Ihr Kind längsseits über auf die Decke. Was hat es gespürt, den Bauklotz oder das Seil? An welcher Körperstelle hat es eines der beiden Dinge gefühlt? Wenn es richtig geraten hat, kann es nun mit verbundenen Augen aus vier Bauklötzen einen Turm bauen und aus dem Seil und vier Wäscheklammern einen Wurm entstehen lassen, indem es die vier Wäscheklammern als Füße an dem Seil befestigt.

Das Haus vom Nikolaus

MALSPIEL
Materialien: Papier und Stifte; 2 – 6 Mitspieler

Bei diesem Malspiel wird das Haus vom Nikolaus in einem Zug gemalt. Zu jeder der acht Linien wird ein Wort bzw. eine Silbe des Gedichts gesprochen:

Das ist das Haus vom Ni-ko-laus.

Sie finden hier zwei Beispiele, aber es gibt noch deutlich mehr Lösungen. Probieren Sie es gemeinsam mit Ihrem Kind aus!

Malreime

MALSPIEL
Materialien: Papier und Stifte; 2 – 6 Mitspieler

Es gibt aber auch einfache Malverse, die mit Papier und Stift in kleine Kunstwerke umgesetzt werden können:

Punkt, Punkt, Komma, Strich,
fertig ist das Mondgesicht.
Noch zwei große Ohren dran,
dass es besser hören kann.
Einen großen Ball dann auch
für den dicken, dicken Bauch.
Arm und Hände eins, zwei, dreier
zaubern Striche und zwei Eier
Bein und Füße – dann zuletzt –
werden aus ’ner Sechs gesetzt.

(überliefert, ergänzt von Ute Diehl)

Lustige Männchen malen

MALSPIEL
Materialien: Papier und Stifte; 2–4 Mitspieler

Ein Spieler beginnt und malt oben auf ein Blatt Papier den Kopf eines Menschen, eines Tieres oder einer Fantasiefigur, ohne zu zeigen oder zu erklären, was er malt. Dann wird das Papier so umgeknickt, dass nur der Hals zu sehen ist. Nun malt der linke Nachbar den Oberkörper samt Armen und knickt wieder um. Der Nächste fügt Beine an und der Letzte ergänzt schließlich die Füße oder Schuhe. Nun wird das Gemälde auseinandergefaltet – wie sieht das vollständige Kunstwerk aus? Spaß ist garantiert!

Ganz einfach – oder?

ORIENTIERUNGSSPIEL
Materialien: Alltagsgegenstände; 2–6 Mitspieler

Die Spieler nehmen sich einen Gegenstand, z. B. ein Kuscheltier oder einen Topf. Sie stehen in möglichst großem Abstand zu einer Wand. Den Weg dorthin darf nichts versperren. Nun müssen sie mit verbundenen Augen versuchen, den Gegenstand so dicht wie möglich an diese Wand zu legen. Wer allerdings die Wand berührt, hat verloren. Zum Schluss wird gemessen, wer die Entfernung am besten einschätzen konnte.

Geräusche wiedererkennen

„HÖR"-SPIEL
Materialien: Alltagsgegenstände; 2–6 Mitspieler

Alle Kinder sitzen im Kreis und schließen – bis auf ein Kind – ihre Augen. Dieses Kind macht nun bestimmte Geräusche, die von den anderen erraten werden müssen, z. B. öffnet es einen Reißverschluss, füllt Wasser in ein Glas, zerreißt Papier, schraubt ein Glas zu oder öffnet eine Flasche. Derjenige, der richtig geraten hat, ist der nächste Geräuschemacher.

Zoo

Legen Sie in eine Schachtel gefaltete Zettel mit Tiernamen bzw. Tierbildern, von denen immer zwei identisch sind. Jetzt ziehen alle Kinder einen Zettel. Auf ein Kommando laufen nun alle durcheinander, ahmen die Stimme „ihres" Tieres nach und müssen den Partner finden, der das gleiche Tier imitiert.

„HÖR"-SPIEL
Materialien: Zettel, Schachtel;
6 – 14 Mitspieler
(nur gerade Zahl an Mitspielern!)

Zeit

Welcher Spieler schätzt am besten, wie lange eine Minute dauert? Sie stoppen dabei die Zeit. Und damit nicht heimlich die Sekunden mitgezählt werden, werden die Spieler währenddessen in ein Gespräch verwickelt. Wenn alle Mitspieler diese Zeitspanne geschätzt haben, werden die einzelnen Zeiten aufgeschrieben. Der Sieger wird zum besten „Chronometer" gekürt.

ORIENTIERUNGS-SPIEL
3 – 8 Mitspieler

Spiegelbild

Bei diesem Spiel bilden zwei Kinder ein Paar und stehen sich einander gegenüber. Das eine Kind führt bestimmte Bewegungen aus, es könnte sich z. B. kämmen, seine Schuhe binden, die Nase putzen oder Handschuhe anziehen. Diese Bewegungen werden nun möglichst rasch vom anderen Kind spiegelbildlich nachgeahmt.

KOORDINATIONS-SPIEL
2 – 10 Mitspieler

Sieh es dir genau an!

SUCHSPIEL
2 Mitspieler

Zeigen Sie Ihrem Kind die folgenden Suchbilder und lesen Sie ihm die Fragen vor.

Suche alle Köpfe mit drei Haaren!
Welcher Schmetterling sieht genauso aus wie der erste?
Suche alle Buchstaben „F“!

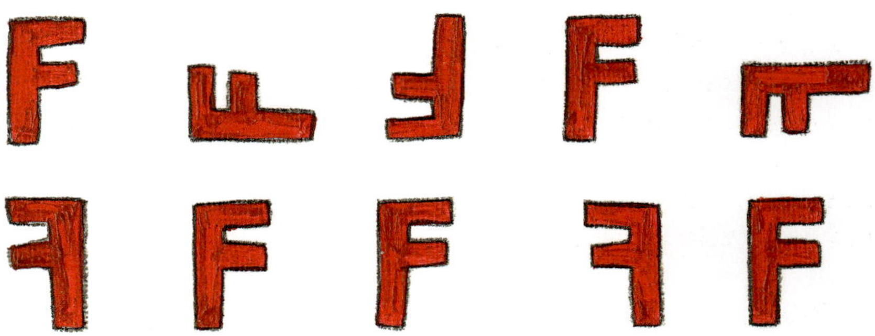

Das große Staunen

ATEMSPIEL

4–20 Mitspieler

Die Kinder stehen in einem Kreis mit ausreichend Platz so weit voneinander entfernt, dass sie die Hände zur Seite sowie nach vorne und hinten ausbreiten können, ohne sich zu berühren.
Die Kinder atmen langsam und tief durch die Nase ein. Der Bauch bläst sich dabei auf wie ein Luftballon. Die Arme werden mit der offenen Handfläche zur Decke geführt. Dann gehen die Kinder leicht in die Knie. Beim Ausatmen durch den Mund lassen sie die Arme wieder zur Erde sinken. Dabei stoßen sie Laute aus, die nach „Ah!“, „Bah!“ o. Ä. klingen.

VARIANTE 1: Während die Kinder tief einatmen, strecken sie die Arme seitwärts aus. Wer möchte, kann zusätzlich den Oberkörper etwas nach hinten beugen. Beim Ausatmen sinkt der gesamte Oberkörper nach vorn. Arme und Kopf pendeln dabei entspannt über dem Boden.

VARIANTE 2: Sie können weitere Laute, Silben und einsilbige Wörter vorgeben, die jeweils beim Ausatmen gebildet werden. Sie werden mit der Abwärtsbewegung auf natürliche Weise „herausgeschleudert“, ohne bewusst Kraft einzusetzen. Dies geschieht, indem das Zwerchfell (bzw. der untere Bauch, die sogenannte „Stütze“) beim Sprechen angespannt wird.

Wortmeditation

ENTSPANNUNGSSPIEL

Materialien: Malutensilien;
2–6 Mitspieler

Bei diesem Spiel sitzen die Kinder mit geschlossenen Augen im Kreis und sind ruhig und entspannt. Denken Sie sich nun zwei Substantive aus und geben Sie diese vor. Sie könnten sich z. B. für die Wörter „Ruhe“ und „Stille“ entscheiden. Sind die Kinder noch etwas jünger, geben Sie am besten einen Satz vor, z. B.: „Alle Kinder spielen friedlich miteinander.“ Die Kinder sollten die Worte ca. ein bis zwei Minuten lang nachklingen lassen und anschließend an einem Tisch ein Bild gestalten, das sie mit den beiden Wörtern assoziieren. Mit diesem Spiel sollen Kinder lernen, für sich im Stillen über Worte nachzusinnen.

(Volker Friebel u. a.)

Detektivspiel

MERKSPIEL
4–10 Mitspieler

Die Kinder werden aufgefordert, sich Aussehen und Kleidung aller Mitspieler möglichst gut einzuprägen. Dann verlässt ein Spieler den Raum. Jetzt müssen ihn die übrigen Mitspieler genau beschreiben. Der Reihe nach nennt jedes Kind ein Kleidungsstück, Schmuck oder Haarfarbe, z. B. „Klara trägt rot gestreifte Socken“, „Pauls blauer Pullover hat einen roten Streifen“, „Tinas Uhr hat ein buntes Armband“. Wichtig ist, dass die Gegenstände genau beschrieben werden, also nicht nur „Pullover“, sondern „blauer Pullover“ oder „silberne Kette“ und so weiter. Der Spielleiter trägt alle diese Beschreibungen mit den Spielernamen in eine Tabelle ein. Dann kommt der Mitspieler, der draußen gewartet hat, wieder in den Raum. Jetzt kann jeder überprüfen, wie gut seine Beobachtungsgabe ist. Für jede richtige Beschreibung gibt es einen Punkt. Der Spieler mit den meisten Punkten bekommt das „Detektivdiplom“.

Sich erinnern

KONZENTRATIONS-SPIEL
Materialien: Stift und Papier; 2–4 Mitspieler

Dieses Spiel kann überall gespielt werden, z. B. während einer längeren Autofahrt. Die Ergebnisse werden vom Spielleiter in eine Tabelle eingetragen. Ein Mitspieler stellt eine Frage, beispielsweise:

> *„Was befindet sich zu Hause in der Küche (im Wohnzimmer, im Badezimmer, im Kinderzimmer, im Keller …), das mit A (B, C usw.) anfängt?*

Auf diesem „Spaziergang“ durch die gesamte Wohnung sammeln die Mitspieler Punkte: Derjenige, der als Erster einen passenden Gegenstand nennt, bekommt einen Punkt. Sieger ist der Spieler mit den meisten Punkten.

Malen und basteln

ERZÄHLSPIEL
2 Mitspieler

Betrachten Sie mit Ihrem Kind das Bild und lesen Sie ihm nachfolgende Fragen vor. Erkennt Ihr Kind die Farben?

Welche Farben haben die Knetstücke?
In welchen Farben gibt es keine Stifte?
Zähle alles auf, was gelb ist!
Welches ist deine Lieblingsfarbe?
Siehst du die Zeichnung der Zauberin im orangefarbenen Kleid?
Welche Farben haben die Stifte?
Was ist bunt auf diesem Bild?
Siehst du etwas, was zweifarbig ist?

Findest du die blaue Schere?

Das Huhn und der Karpfen

SPRECHVERS
2–10 Mitspieler

Lesen Sie Ihrem Kind beide Gedichte häufig und übertrieben betont vor. Bald wird Ihr Kind das Gedicht selbst aufsagen können. Das Vorlesen von Gedichten fördert Sprachbewusstheit, Rhythmusgefühl und Merkfähigkeit.

Auf einer Meierei,
da war einmal ein braves Huhn,
das legte, wie es Hühner tun,
an jedem Tag ein Ei
und kakelte, mirakelte, spektakelte,
als ob's ein Wunder sei!

Es war ein Teich dabei,
darin ein braver Karpfen saß
und stillvergnügt sein Futter fraß,
der hörte das Geschrei:
Wie's kakelte, mirakelte, spektakelte,
als ob's ein Wunder sei!

Da sprach der Karpfen: „Ei!
Alljährlich leg' ich 'ne Million
und rühm' mich des mit keinem Ton.
Wenn ich um jedes Ei
so kakelte, mirakelte, spektakelte –
was gäb's für ein Geschrei!" *(überliefert)*

Eletelefon

SPRECHVERS
2–10 Mitspieler

Es war einmal ein Elefant, der griff zu einem Telefant –
o halt, nein, nein! Ein Elefon, der griff zu einem Telefon –
(Verflixt! Ich bin mir nicht ganz klar, ob's diesmal so ganz richtig war.)
Wie immer auch, mit seinem Rüssel, verfing er sich im Telefüssel;
indes er sucht sich zu befrein, schrillt lauter noch das Telefein –
(Ich mach jetzt Schluss mit diesem Song von Elefuß und Telefong!)

(Laura E. Richards)

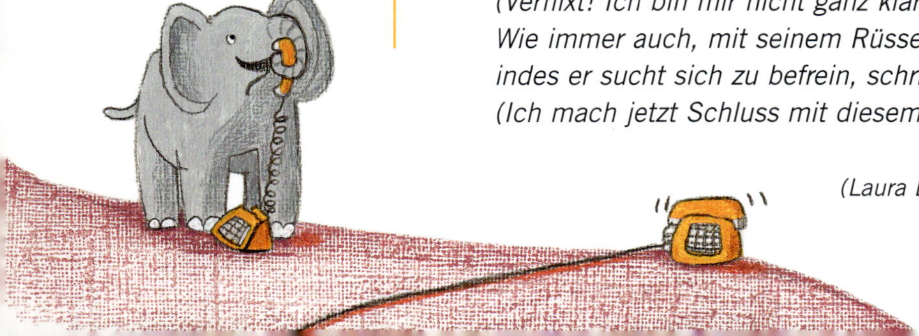

Bei Müllers hat's gebrannt

RHYTHMUSSPIEL
2 Mitspieler

Bei diesem Spiel stehen sich die Kinder gegenüber und klatschen beim Aufsagen des Klatschspruches abwechselnd gerade bzw. überkreuz in die eigenen Hände (E) und in die des Partnerkindes (P).

Bei-Müll-ers-hat's-ge-brannt-brannt-brannt,
E P E P E P P P
da-bin-ich-hin-ge-rannt-rannt-rannt.
E P E P E P P P
Da-kam-ein-Po-li-zist-zist-zist,
E P E P E P P P,
der-schrieb-mich-auf-die-List-List-List.
E P E P E P P P
Die-List-fiel-in-den-Dreck-Dreck-Dreck,
E P E P E P P P
da-war-mein-Na-me-weg-weg-weg.
E P E P E P P P
Da-lief-ich-schnell-nach-Haus-Haus-Haus,
E P E P E P P P
und-die-Ge-schicht-ist-aus-aus-aus.
E P E P E P P P

(überliefert)

Wir sagen: Si, si, si

RHYTHMUSSPIEL
2 Mitspieler

Wir-sa-gen-no-no-no,
E P E P P P
wir-sa-gen-si-si-si,
E P E P P P
wir-sa-gen-em-pom-po-ka-ti.
E P E P E P P P

(überliefert)

VARIANTE: Die Kinder können die letzte Silbenreihe auch durch eigene Erfindungen, die in das Klatschschema passen, ersetzen. Das macht Spaß und fördert die Sensibilisierung für Silbentrennungen.

Indianerrufe

RHYTHMUSSPIEL
4–20 Mitspieler

Die Kinder bilden einen Kreis oder stellen sich in zwei Reihen gegenüber auf. Ein Mitspieler steht in der Mitte. Er ruft den anderen Kindern Silben in unterschiedlicher Lautstärke zu. Die zuerst vom im Kreis stehenden Kind gesprochenen Silben werden von der Gruppe imitiert. Durch das Wechselspiel zwischen Einzelstimme, einer Art Vorsänger, und der Gruppenantwort entsteht eine rhythmische Unterhaltung, wie sie bei indianischen Ritualen üblich ist. In den folgenden Silben sind die betonten, also lauteren, Silben **fett** markiert. Übertreiben Sie ruhig, sodass die lauten Silben sehr laut und die leisen Silben sehr leise gesprochen werden.

Ba ba ***baa*** *ba,*

du *du* ***da*** *du,*

di *da* ***pi*** *pa pu pa,*

ho ho *ho ho,*

ding ***da*** *du* ***da,***

ding *ding da* ***do,***

ticke tacke *ding da,*

tock tock tock tock.

VARIANTE: Sie können die Beispiele beliebig kombinieren und ergänzen. Zusätzlich kann jetzt der ganze Körper eingesetzt werden, um die Rufe zu begleiten: Es darf geklatscht, sich auf die Schenkel geschlagen und gestampft werden. Am einfachsten ist es, jede Silbe mit einem Klatschen zu begleiten. Sie können aber auch zahlreiche Varianten bilden und z. B. nur die erste Silbe einer Zeile oder ausschließlich die betonte Silbe klatschen. Bei vielen Mitspielern können Sie den Gesang „instrumentieren“, indem Sie Rollen als Stampfer, Klatscher, Rufer verteilen.

So viele Formen

Betrachten Sie mit Ihrem Kind das Bild. Welche Formen erkennt es?

ERZÄHLSPIEL

2 Mitspieler

Wie viele Bälle siehst du im Garten?

Wenn das A das O austrickst

LAUTSPIEL
2–6 Mitspieler

Bei diesem Spiel soll aus den vorgegebenen Wörtern das „O“ durch ein „A“ ersetzt werden, z. B.:

Tonne Tanne, *Motte* Matte, *Hose* Hase

VARIANTE: Lustig wird es, wenn das „O“ nicht nur durch ein „A“, sondern auch durch ein „E“, ein „I“ oder ein „U“ ersetzt wird. Manche Wörter ergeben dabei einen Sinn, andere nicht, z. B.: Oder, Ader, Eder, Ider, Uder.

Hand, Kind, Wolle, Schnuller, See, Lampen

Silbenmonster

SILBENSPIEL
2–20 Mitspieler

Oje, das Silbenmonster hat die Silben vertauscht. Wie lautet das Wort richtig?

fa-mo Mofa, *pe-lu* Lupe, *te-leu* Leute, *te-tü* Tüte, *me-da* Dame, *li-ku* Kuli, *ma-la* Lama, *se-rei* Reise, *no-ki* Kino

mel-him Himmel, *ter-but* Butter, *fer-kof* Koffer, *ner-don* Donner, *ler-rol* Roller, *ter-mut* Mutter, *ne-son* Sonne

sor-tre Tresor, *te-kne* Knete, *ten-kno* Knoten, *der-bru* Bruder, *gel-flü* Flügel, *net-pla* Planet, *de-freu* Freude, *me-blu* Blume

le-te-fon Telefon, *gei-pa-pa* Papagei, *tro-zi-ne* Zitrone, *si-ne-ro* Rosine, *nas-a-na* Ananas, *ra-pi-ten* Piraten, *la-mi-sa* Salami

(Meike Arends)

Aus kurz mach lang

LAUTSPIEL
2–6 Mitspieler

Die nachfolgenden Wörter ergeben nur einen Sinn, wenn man aus dem kurz gesprochenen Selbstlaut (mit einem Punkt gekennzeichnet) einen lang gesprochenen Selbstlaut (mit einem Strich gekennzeichnet) macht, z. B.: badden – baden

Fadden Faden, *habben* haben, *Naddel* Nadel, *Damme* Dame, *Haffen* Hafen, *Wadde* Wade, *Walle* Wale, *Taller* Taler

Riggel Riegel, *Fibber* Fieber, *Briffe* Briefe, *Dibbe* Diebe, *Binne* Biene, *Fridden* Frieden, *Libbe* Liebe, *Spiggel* Spiegel

(Meike Arends)

Reimpaar-Hokuspokus

REIMSPIEL
2–20 Mitspieler

Reimpaare zu finden macht großen Spaß. Es lässt sich ein Zauberspiel daraus machen, wenn man das Reimpaar mit Zaubersprüchen einführt, wie z. B.:

„Ene Mene Maus, hier steht jetzt ein Haus.“ – „Dideldum und summ, aus einer Fliege zaubere ich eine Liege.“ – Hokuspokus eins, zwei, drei, die Flöte wird zur Kröte.“

Kombinieren Sie weitere Zaubersprüche und Reimpaare. Weitere Reimpaare wären z. B.: Hund – Mund, Hose – Rose, Hase – Nase, Katze – Tatze, Kasse – Tasse, Tanne – Kanne …

Wie heißt das Wort?

LAUTSPIEL
2–6 Mitspieler

Lesen Sie Ihrem Kind die folgenden Wörter vor, indem Sie den ersten Laut vom restlichen Wort trennen. Ihr Kind muss nun herausfinden, welches Wort gemeint ist.
Beispiel: *W---asser*: Sprechen Sie dabei das „W“ nur als Laut „W“, nicht als Buchstaben „We“ aus.

W---inter
H---aus
L---uftballon
Kr---anich
K---arton
S---onnenschein
B---onbon

Stimmt der Laut?

LAUTSPIEL
2–6 Mitspieler

Einigen Sie sich zu Beginn dieses Spiels zusammen mit Ihrem Kind auf einen Laut, z. B. das „L“. Ihr Kind macht es sich nun im Liegen bequem und schließt die Augen. Denken Sie sich jetzt Wörter aus, von denen aber nur einige mit einem „L“ beginnen, und sprechen Sie diese Ihrem Kind vor. Hört Ihr Kind alle Wörter mit dem Anfangsbuchstaben „L“ heraus?

TIPP: Wenn Sie sich Wörter aussuchen, die mit den Selbstlauten „A“, „E“, „I“, „O“ oder „U“ beginnen, dann sollten Sie bedenken, dass es immer kurz und lang gesprochene Selbstlaute gibt. Das „E“ in „Elefant“ wird lang gesprochen, in „Elfe“ aber kurz gesprochen. Auch das Wort „Eis“ beginnt nicht mit dem Laut „E“, sondern mit dem Laut „Ei“.

VARIANTE: Lassen Sie Ihr Kind auch Laute in der Mitte oder am Ende eines Wortes heraushören. Dadurch wird das Spiel anspruchsvoller.

Ich habe alle Laute rausgehört, wuff!

Die Wurzelfee

Diesen lustigen Abzählvers können Sie zwischendurch zum Auflockern vorlesen.

SPRECHVERS
2 Mitspieler

Wisper knisper Wurzelfee,
*wer **mich** sucht, (oder dich, ihn, sie, uns, euch)*
***dem** tu ich weh: (oder der, denen)*

*Beiß **ihn** (oder sie, dich, euch)*
in den großen Zeh –

*werf **ihn** (oder sie, dich, euch)*
in den Tümpelsee –

*tunke **ihn** (oder sie, dich, euch)*
ins Glibbermoor –

*kneif **ihn** (oder sie, dich, euch)*
in sein Lumpenohr –

*drehe **ihm** (oder ihr, dir, euch)*
die Nase quer …

*Wenn **du** Mut hast (oder ihr, er, sie)*
komm nur her! (Max Kruse)

Um die Ecke gedacht

(BILDER-)RÄTSEL
2–6 Mitspieler

Was steht mitten in Rom? Das „O".

*Was ist das Gegenteil vom Re**form**haus?* Ein Reh hinterm Haus.

Was ist rot und fährt immer hoch und runter?
Eine Tomate, die im Fahrstuhl immer auf und ab fährt.

Der grüne, alte Drache

MERKSPIEL
2 Mitspieler

Machen Sie es sich mit Ihrem Kind gemütlich und lesen Sie ihm folgende Geschichte vor. Ziel des Spiels ist es, das Mädchen Krima erfolgreich bis zum Schatz zu führen. Dazu ist es notwendig, dass Ihr Kind an den jeweiligen Textstellen die Zauberwörter einmal nachspricht.

Nicht weit von einem dunklen, tiefen Zauberwald, der von einem alten geflügelten Drachen bewacht wurde, lebte das Mädchen Krima. Eines Tages fand sie bei einer Brieftaube einen geheimnisvollen Brief. Der Brief erklärte den Weg zum verloren geglaubten Schatz und die nötigen Zauberformeln. Und so machte sich Krima auf, den Schatz zu suchen. Um aber in den Zauberwald hineinzugelangen, musste sie zunächst das Zauberwort „Tim-kro-malp-kri“ aufsagen. Auf einmal öffnete sich ein Weg. Krima ging ihn entlang, doch plötzlich stand sie vor einer hohen Mauer. Glücklicherweise erinnerte sie sich an das nächste Zauberwort: „Wa-blim-bo-schosch.“ Da stand Krima auf einmal vor einer angelehnten Tür, die sich öffnen ließ. Sie ging weiter und sah dann einen großen Höhleneingang, der von langen Efeuranken versteckt wurde. Aus dieser Höhle drang ein schrecklich dröhnendes Schnarchen. Krima bekam Angst, hatte aber trotzdem das nächste Zauberwort nicht vergessen. Und so wiederholte sie laut und deutlich: „Krim-bo-bam-blis.“ Das Schnarchen verstummte. Krima ging langsam auf die Höhle zu. Aber was war das? Am Höhleneingang bewegte sich etwas – der Drache! Krima erschrak fürchterlich. Doch der Drache sagte: „Oh, guten Tag! Endlich kommt mich jemand besuchen. Schon seit sehr langer Zeit lebe ich hier allein und weine jeden Abend, weil niemand zu mir gekommen ist, um mit mir zu spielen und mir Gesellschaft zu leisten!“
Und so spielten Krima und der Drache den ganzen Nachmittag zusammen Karten. Weil der Drache so glücklich über diesen Besuch war, gab er Krima den Schatz. Er bestand aus Tausenden von Blumensamen, die, wenn sie gesät würden, zur herrlichsten und schönsten Blumenwiese des ganzen Kontinents werden würden. *(Heike Baake)*

VARIANTE: Denken Sie sich selbst eine Rahmengeschichte für Ihr Kind aus, in die Sie Fantasiewörter, bestehend aus drei bis fünf Silben, zum Nachsprechen oder auch kleine Bewegungsabläufe einfügen.

Panguin, Gureffe, Olifant

LAUTSPIEL
4 – 10 Mitspieler

Jeder Mitspieler bildet einen Satz mit einem Tiernamen, bei dem einzelne Laute ersetzt werden. So wird „Giraffe“ zu „Gureffe“. Der erste Mitspieler beginnt z. B. mit dem Satz: „Ich habe im Zoo viele Uffen gesehen.“ Der Mitspieler, der den „falschen Ton“ erkannt hat, ruft „Stopp!“, spricht das Wort richtig aus und bildet den nächsten Satz. Alternativ kann z. B. auch im Supermarkt Mulch, Batter oder Zicker eingekauft werden.

Hexen-Zungenbrecher

SPRECHSPIEL
2 – 10 Mitspieler

Der folgende Zungenbrecher sollte möglichst deutlich und fehlerfrei nachgesprochen werden. Gelingt es, kann das Tempo gesteigert werden.

Hexen sechs Hexen
um sechs Uhr sechs Echsen,
dann sind die sechs Echsen
sechs Hexenechsen.

(Christa Zench)

Wenn Riesen niesen

SPRECHVERS
2 – 10 Mitspieler

Auch dieser Zungenbrecher sollte fehlerfrei über die Lippen kommen.

Sieben Riesen, die mit bloßen Füßen
über nasse Wiesen liefen,
niesten mit ihren Riesennasen so laut,
dass von diesem Riesenniesen
sieben Wieselkinder,
die in tiefen Zimmern schliefen,
aufwachten und
„Gesundheit“ riefen. *(Josef Guggenmos)*

Alles, was aus Wolle ist

SPRACHSPIEL
2–6 Mitspieler

Bei diesem Spiel bekommt Ihr Kind die Aufgabe, Wörter zu finden, die alle dieselben Merkmale haben. Sie könnten z. B. sagen: „Alles, was aus Wolle ist …“ Nun ist Ihr Kind an der Reihe und zählt Dinge auf, wie z. B. Pullover, Socken oder Decke. Weitere Beispiele:

Alles, was gut riecht … Blumen, Kuchen, Parfüm
Alles, was aus Holz ist … Brett, Kiste, Tisch
Alles, was kriechen kann … Raupe, Schlange, Wurm
Alles, was grün ist … Ampel, Grashüpfer, Rasen
Alles, was im Wasser lebt … Fisch, Muschel, Krokodil
Alles, was Lärm macht … Auto, Bohrmaschine, Staubsauger

Welches Wort passt nicht?

SPRACHSPIEL
2–6 Mitspieler

Lesen Sie Ihrem Kind die Wortreihe vor. Ein Wort passt nicht in die Reihe. Um welches Wort handelt es sich? Denken Sie sich weitere Reihen aus.

Auto, Bus, Sofa, Schiff, Mofa Sofa ist kein Fahrzeug.
Tasse, Lineal, Bleistift, Heft Tasse gehört nicht zu den Schulsachen.
Stuhl, Blume, Baum, Strauch, Gras Stuhl ist keine Pflanze)
Maria, Anna, Eva, Paul, Julia Paul ist kein Mädchenname.

Sammelwörter finden

SPRACHSPIEL
2–6 Mitspieler

Bei diesem Wortspiel soll zu jeder Reihe das passende Sammelwort gebildet werden. Lesen Sie Ihrem Kind diese Wortreihen vor.

Glas, Becher, Tasse, Teller, Schüssel Geschirr
Nase, Ohren, Arm, Fuß, Hand Körperteile
Hase, Fuchs, Nashorn, Schwein, Tiger Tiere
Stuhl, Tisch, Sofa, Regal, Bett Möbel
grün, rot, gelb, blau, orange Farben

(alle drei Ideen nach Meike Arends)

Wortbilder

(BILDER-)RÄTSEL
2 Mitspieler

Setzen Sie mit Ihrem Kind alle Wortbilder zusammen. Lesen Sie ihm die Wörter vor, und Ihr Kind benennt den auf dem Bild gezeigten Gegenstand.

Hosen- 

 *-suppe*

Drei-  *-pedale*

W-  *-leisen*

Die drei Spatzen

MIT-LESESPIEL
2 Mitspieler

Lesen Sie mit Ihrem Kind das Gedicht. Es ergänzt dann die Wortbilder, indem es die Abbildungen betrachtet.

In  *nem leeren Haselstrauch,*
da sitzen 3  *Bauch an Bauch.*

Der Erich rechts und links der Franz
und mittendrin der freche Hans.

Sie haben die 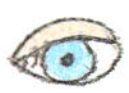  *zu, ganz zu,*
und obend*r, da*  *it es, hu!*

Sie rücken zusammen, dicht, ganz dicht.
So w *wie der Hans hat's niemand nicht.*
Sie hör'n alle dr *ihrer*  *lein Gepoch.*
Und wenn sie nicht weg sind, so sitzen sie noch.

(Vers von Christian Morgenstern)

Wortkette

KREATIVSPIEL
2–6 Mitspieler

Nennen Sie ein zusammengesetztes Wort. Nun ist Ihr Kind an der Reihe und bildet aus dem zweiten Wort ein neues zusammengesetztes Wort. Beispiele:

Kellertreppen – Treppen … geländer
Schokoladenpudding – Pudding … pulver
Streichholz – Holz … fäller

Welches Wort ist länger?

SPRACHSPIEL
2–6 Mitspieler

Lesen Sie Ihrem Kind die folgenden Wortpaare vor. Erkennt Ihr Kind, welches Wort länger ist, ohne die Wörter zu sehen? Beispiele:

Eis und Maulwurf Maulwurf
Hubschrauber und Bus Hubschrauber
Briefmarke und Maus Briefmarke
Suppe und Federball Federball

Wo sind die Tiere im Winter?

MIT-LESESPIEL
2 Mitspieler

Lesen Sie mit Ihrem Kind diese kleine Geschichte. Ihr Kind sieht die Abbildungen innerhalb der Sätze und ergänzt die fehlenden Wörter.

Der kalte   *hat sie erschreckt. Da haben sie sich im Dunkeln versteckt. Die*  *schlafen in ihrem Haufen. Die*  *träumt in ihrem Häuslein. Die*  *sind unter die Erde gekrochen. Die*  *sitzen in Winkeln und Ritzen. Die*  *warten in stillen Ecken. Der*  *hat sich im Laub eingerollt. Die Tiere im Zoo aber haben es fein. Da ist es warm. Da werden sie Tag für Tag gefüttert. Kennst du sie?* *(Vers von Ferdinand Denzel)*

Bruno und das Kunststück

VORLESEN UND MITSPIELEN

2 – 6 Mitspieler

In Brunos letztem Abenteuer geht es um Hundedressur und einen gefährlichen Sprung. Auch hier können Sie nach dem Vorlesen wieder etliche Fragen zum Inhalt der Geschichte stellen, z. B.: „Womit will Lisa Jan überraschen?“, „Was passiert, als Lisas Papa über das Seil springt?“, „Warum holt Lisas Mama einen Eisbeutel?“

Heute ist Samstag, und Jan ist bei seinem Freund Leon zum Geburtstag eingeladen. Lisa will Bruno in der Zwischenzeit unbedingt ein neues Kunststück beibringen. Seit einer Stunde übt sie jetzt schon mit ihm im Flur Seilspringen. Sie hat die Enden des Seils an zwei Küchenstühlen festgebunden und ruft immer wieder „Hopp, Bruno hopp!“ Aber Bruno will einfach nicht drüberspringen. Immer wieder versucht er, unter dem Seil durchzukommen. „Bruno ist doof“, jammert Lisa. „Nein“, ruft Papa aus der Küche, „du brauchst nur viel Geduld.“ Er kommt in den Flur. „Du musst Bruno zeigen, was er machen soll. Pass auf, so“, sagt er zu Lisa, holt Anlauf und springt über das Seil. Dummerweise gelingt ihm das nicht so ganz. Er bleibt mit einem Fuß am Seil hängen und fällt mit lautem Poltern der Länge nach hin. Die Stühle kippen auf ihn.

„Au!“, ruft er und hält seine linke Hand. Lisa stößt vor Schreck einen Schrei aus und Bruno verzieht sich mit eingekniffenem Schwanz in den Hundekorb. Mama, die im Wohnzimmer mit Anna gespielt hat, rennt in den Flur. „Oje!“, ruft sie. „Hast du dich verletzt? Kannst du deine Finger noch bewegen?“ „Einigermaßen“, brummt Papa. „Dann ist wohl auch nichts gebrochen“, sagt Mama erleichtert. „Das Beste ist jetzt ein kühler Umschlag, damit die Hand nicht dick wird.“ Mama holt einen Eisbeutel aus dem Gefrierfach. „Huch, ist das kalt“, sagt Papa erschrocken, „aber … es tut gut.“

Da schließt Jan die Haustür auf. Bruno läuft ihm entgegen und springt dabei – ganz selbstverständlich – über das Seil. Lisa ist sprachlos. „Oh“, sagt Jan, „du hast ihm tatsächlich ein neues Kunststück beigebracht?“ Lisa überlegt nur kurz. „Ja“, sagt sie, „das heißt: Papa hat es ihm gezeigt. Obwohl er längst nicht so gut springen kann wie Bruno.“ Im Wohnzimmer quietscht Anna ganz fröhlich. Papa sitzt jetzt neben ihr und drückt ihr den kalten Beutel abwechselnd an Nase, Hände und Ohren. Und Anna findet das sehr lustig! (Ute Diehl)

Zauberteppich

SPRACHSPIEL
2 Mitspieler

Bei diesem Spiel geht es hoch hinaus, denn eine Weltreise mit dem Zauberteppich steht an. Drei Teppiche nehmen die in der Warteschlange stehenden Passagiere und getrennt das Gepäck auf: ein blauer, ein grüner und ein roter Teppich.
Erzählen Sie Ihrem Kind, dass auf dem **blauen Teppich** nur Tiere und Gepäck mitfliegen dürfen, die ein „der" als Begleiter haben, z. B. „der Elefant" oder „der Stuhl". Mit dem **grünen Teppich** dürfen nur Passagiere und Gepäck mitfliegen, die ein „das" als Begleiter haben, wie z. B. „das Nashorn". Und auf dem **roten Teppich** darf alles mitfliegen, das ein „die" als Begleiter hat, beispielsweise „die Ente".
Lassen Sie Ihr Kind die Passagiere und getrennt das Gepäck dem richtigen Zauberteppich zuordnen. Fragen Sie:

Wer darf auf welchem Teppich Platz nehmen?

Wie muss der Satz richtig heißen?

SPRACHSPIEL
2–6 Mitspieler

Lesen Sie Ihrem Kind diese Wörter, die zusammen einem Satz bilden, langsam vor. Wie lautet die richtige Reihenfolge der einzelnen Satzglieder?

Vater – Tisch – deckt – den Vater deckt den Tisch.
müde – Hund – der – ist Der Hund ist müde.
gut – Essen – das – schmeckt Das Essen schmeckt gut.
fürchterlich – Käse – der – stinkt Der Käse stinkt fürchterlich.
Kuh – gemolken – die – wird Die Kuh wird gemolken.
Oma – wird – meine – siebzig Meine Oma wird siebzig.

Aus „Er" wird „Wir"

SPRACHSPIEL
2 Mitspieler

Lassen Sie Ihr Kind die fehlenden Formen ergänzen.

Er lebt. Wir … leben.
Sie tanzt. Wir … tanzen.
Ich träume. Er … träumt.
Ich hüpfe. Sie … hüpft.
Es blinkt. Wir … blinken.

Aus „Eins" werden „Viele"

SPRACHSPIEL
2 Mitspieler

Kann Ihr Kind auch hier die fehlenden Formen ergänzen?

Ein Auto hupt. Viele Autos … hupen.
Ein Kind lacht. Viele … Kinder lachen.
Ein Keks schmeckt. Viele … Kekse schmecken.
Eine Schneeflocke rieselt. Viele … Schneeflocken rieseln.
Ein Ohr hört. Viele … Ohren hören.

(alle drei Ideen nach Meike Arends)

Gleich oder nicht?

SPRACHSPIEL
2–6 Mitspieler

Lesen Sie Ihrem Kind jeweils immer beide Sätze langsam vor. Lassen Sie es heraushören, welche Sätze sich gleich anhören und welche nicht. Welches Wort stimmt gegebenenfalls nicht überein? Wie muss es richtig heißen?

Der Hund beißt den Postboten.
Der Hund beißt ***einen*** *Postboten.*

Klaus übt für die Schule.
Klaus ***übte*** *für die Schule.*

Nach dem Essen haben wir gespielt.
Nach dem Essen haben wir ***gespült.***

Morgen besucht uns mein Onkel.
Morgen besucht uns mein Onkel.

Meine Turnschuhe sind kaputt.
Meine ***Sportschuhe*** *sind kaputt.*

Meine Lehrerin ist sehr nett.
Meine Lehrerin ist sehr ***fett.***

Mein neues Fahrrad fährt toll.
Ein *neues Fahrrad fährt toll.*

Wir bekommen bald Ferien.
Wir bekommen bald Ferien.

Vater kauft mir ein neues Bett.
Vater kaufte mir ein neues ***Brett.***

Die Dosen sind ziemlich groß.
Die ***Rosen*** *sind ziemlich groß.*

Die Katze hat gelbe Augen.
Die Katze hat gelbe Augen.

(Meike Arends)

Aufräumen

Im Kinderzimmer ist Aufräumen angesagt, denn nichts liegt am rechten Ort. Schauen Sie sich gemeinsam das Chaos an. Lassen Sie Ihr Kind beschreiben, wo die Spielsachen liegen. Fragen Sie ganz konkret: „**Wo** liegt der Ball?" Achten Sie darauf, dass Ihr Kind bei seiner Antwort den 3. Fall (Dativ) benutzt, z. B.: „Der Ball liegt unter **dem** Teppich, auf **dem** Bett oder hinter **der** Gardine." Anschließend können Sie fragen: „**Wohin** wird der Ball geräumt?" Auf diese Frage antwortet Ihr Kind im 4. Fall (Akkusativ), beispielsweise: „Der Ball kommt in **die** Truhe, in **das** Regal oder auf **den** Schrank."

SPRACHSPIEL
2 Mitspieler

Wörter zählen

SPRACHSPIEL
2–6 Mitspieler

Lesen Sie Ihrem Kind langsam die folgenden Sätze vor. Fragen Sie es, aus wie vielen Wörtern die einzelnen Sätze bestehen. Ihr Kind sollte die Wörter im Buch nicht mitzählen können, sondern die Anzahl der Wörter heraushören.

Drachen können fliegen. 3 Wörter
Spinat ist ein Gemüse. 4 Wörter
Mit Wasser kann man Feuer löschen. 6 Wörter
Schokoladeneis schmeckt lecker. 3 Wörter
Es regnet draußen. 3 Wörter
Fische schlafen mit offenen Augen. 5 Wörter

(Meike Arends)

Flieg schnell zur Lampe

SPRACHSPIEL
Materialien: Buntpapier, Schere; 2–6 Mitspieler

Falten Sie Papierflieger, wie in der Abbildung gezeigt. Danach kann Ihr Kind seinen Flieger starten lassen. Vorher kündigt es an, wohin er fliegt, beispielsweise: „Mein Papierflieger fliegt **zur** Lampe“ oder: „Mein Papierflieger fliegt **zum** Schrank“.
Mit diesem Spiel übt Ihr Kind die richtige Verwendung des 3. Falles (Dativ).

So geht's:
1. Papier der Länge nach falten.
2. Die oberen Ecken zur Mitte knicken.
3. Beide Ecken nochmals zur Mitte falten.
4. Entlang der Mittellinie einen Steg und an den Flügelenden zwei Flossen von ca. 1 cm Höhe falten – fertig!

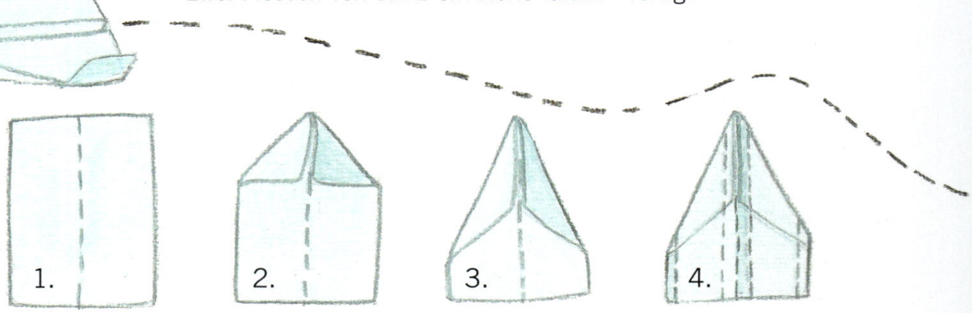

Wer bin ich?

SPRACHSPIEL
Materialien: Bildkarten;
2 – 10 Mitspieler

Nehmen Sie Karten mit einfachen Motiven zur Hand, z. B. mit einem Frosch oder einer Prinzessin. Ihr Kind zieht aus dem Kartenstapel eine Karte und zeigt Ihnen das Motiv, ohne es selbst gesehen zu haben. Nun fragt Ihr Kind nach seiner „Identität“. Es kann nach konkreten Dingen, Tieren oder Personen fragen, z. B.: „Bin ich eine Prinzessin?“. Folgende kategorische und damit umfassendere Fragen können aber auch gestellt werden, z. B.: „Bin ich aus Holz?“, „Kann man mich essen?“, „Bin ich ein Mensch?“.

Was passiert da?

(BILDER-)RÄTSEL
2 – 6 Mitspieler

Lesen Sie Ihrem Kind die Sätze vor und fragen Sie es anschließend, was die Sätze bedeuten. Da Nomen und Verben sich genau gleich anhören, kann das ganz schön knifflig werden.

Wenn hinter Rollen Rollen rollen,
rollen Rollen Rollen nach.

Wenn hinter Kugeln Kugeln kugeln,
kugeln Kugeln Kugeln nach.

Wenn hinter Griechen Griechen kriechen,
kriechen Griechen Griechen nach. *(Gerald Jatzek)*

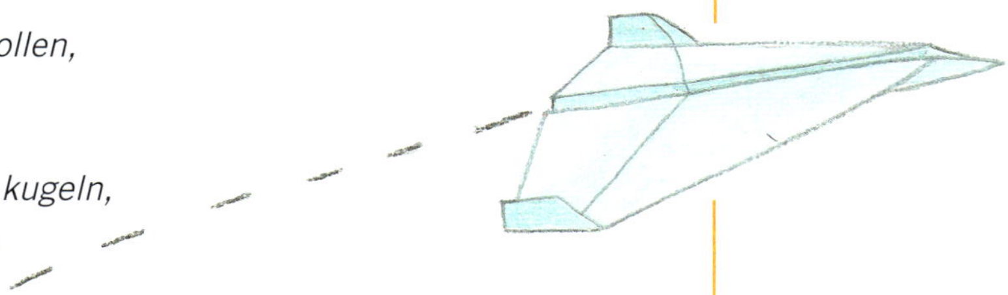

Bettgeflüster

ERZÄHLSPIEL
2 Mitspieler

Lassen Sie den Tag mit einem Gespräch am Bett Ihres Kindes ausklingen. Wie war sein Tag? Fragen Sie nach Erlebnissen und Gefühlen. Werden Sie sehr konkret, sonst wird Ihnen Ihr Kind vielleicht nur wenig erzählen. Fragen Sie nach Freunden, z. B.: „Was hast du mit Max gemacht?, Wart ihr baden?, Was hast du bei ihm gegessen?“. Wollen Sie Ihr Kind aus der Reserve locken, dann unterstellen Sie ihm Abwegiges, z. B.: „Du hast heute bestimmt einen Clown gesehen. Und gegessen hast du mit Sicherheit drei Kugeln Schokoladeneis …“

„Wenderedung“

SPRACHSPIEL
2 Mitspieler

Die nachfolgenden Redensarten haben sich ineinander verheddert. Helfen Sie Ihrem Kind dabei, die Sätze richtig zu formulieren. Besprechen Sie mit Ihrem Kind, was die Redewendungen bedeuten.

Drunter und Rüben,
kreuz und drüber,
quer und Rand
außer Kraut und Band.

Mann und Saus
und Braus und Maus
schütten
Kind und Kegel
mit dem Bade aus.

(Paul Maar)

Lösungen: drunter und drüber, kreuz und quer, außer Rand und Band, Kraut und Rüben, Mann und Maus, in Saus und Braus, schütten das Kind mit dem Bade aus.

Rückengeschichte

ERZÄHLSPIEL
Materialien: Bildkarten;
2 Mitspieler

Setzen Sie sich mit Ihrem Kind Rücken an Rücken. Erzählen Sie sich gemeinsam eine Geschichte. Jeder erzählt ein bis zwei Sätze. Dann wird vom anderen die angefangene Geschichte ergänzt. Verabreden Sie vorher vier bis fünf Begriffe, die in der Geschichte vorkommen sollen. Sie können diese Begriffe auch als Bildkarten neben sich legen, sodass die diese von beiden gut sichtbar sind. Sobald ein Begriff genannt wird, drückt der Zuhörer gegen den Rücken des Erzählers. Zur Belohnung für das aufmerksame Zuhören darf, falls vorhanden, die Bildkarte gesammelt werden. Wurde der Begriff nicht herausgehört, kann er vom Erzähler noch einmal in die Geschichte eingearbeitet werden. Mit steigender Anzahl an vorher verabredeten Begriffen wird das Spiel schwieriger.

Künstliche Landschaften bauen

Um z. B. im Garten mit Ihrem Kind Fantasiewelten zu erschaffen, können Sie sämtliche Materialien und Gegenstände aus dem Haushalt und aus der Natur verwenden. Als Basis für eine Landschaft sind formbare Materialien wie z. B. Knete, feuchte Erde, Steine, Watte und Bauschaum gut geeignet.
Fügen Sie Flüsse und Meere ein, indem Sie z. B. Sand verstreuen. Seen lassen sich z. B. aus Muscheln oder blauen Plastikverpackungen nachbauen. Lassen Sie kleine Segelschiffe aus aufgeschnittenen Milchtüten, Stöcken und Wäscheklammern die Ozeane überqueren. Auf dem Fluss schwimmt ein Floß, das aus mehreren zusammengebundenen Stöcken besteht. Bauen Sie Häuser und Türme aus Pappe, Eimern, Schüsseln, Holzklötzen oder Blumentöpfen, mit Dächern aus Stoffresten, Papier, Pappe oder Folie. Wenn Sie möchten, können Sie die kleine Landschaft noch von Ihrem Kind bemalen lassen.

ERZÄHLSPIEL

Materialien: wenn vorhanden Bauschaum, Sand, Pappkisten, Wäscheklammern, Verpackungen, Stöcke, Papier, Farbe, Watte, Folien, Knete, Tücher, Stoffreste u. Ä.; 3–8 Mitspieler

Nun können Sie eine Geschichte erfinden oder sich von den Kindern eine Geschichte erzählen lassen. Je nach Inhalt der Geschichte können wilde Pirateninseln, geheimnisvolle Höhlen, uneinnehmbare Ritterfestungen, goldene Königspaläste und verwunschene Prinzessinnenschlösser innerhalb der Fantasielandschaft entstehen. Dafür eignen sich besonders Verpackungen, Holz, Steine oder auch Tücher. Vielleicht machen Sie sich mit den Kindern auch auf Schatzsuche? Dann fertigen Sie den „Schatz“ z. B. aus einem Stück Goldfolie. Vielleicht befreien Sie aber auch eine schöne Prinzessin aus dem riesigen Maul eines schrecklichen Drachen? In diesem Fall können Sie den Drachen z. B. aus Knete formen.

Benennen Sie beim Erschaffen künstlicher Landschaften die Materialien wie Holz, Papier, Klebstoff, die Arbeitsgegenstände wie Schere, Schippe oder Pinsel sowie die damit ausgeführten Handlungen wie z. B. Kleben, Schneiden oder Legen.

Fähnchen im Wald

ERZÄHLSPIEL

Material: Fähnchen; alternativ: Stöcke, Stoffreste oder Papier; 3–8 Mitspieler

Für dieses Spiel benötigen Sie Fähnchen in verschiedenen Farben. Diese können Sie auch ganz einfach basteln, indem Sie bunte Papier- oder Stoffreste an Stöcken mit Klebestreifen oder einem Tacker befestigen.
Stecken Sie dann die bunten Fähnchen an verschiedene Stellen im Wald oder im Garten. Neben den Fähnchen liegen unterschiedliche Gegenstände oder Fotos, die Sie auch vergraben können. Die Fähnchen lassen sich auch direkt an Pflanzen oder Blätter kleben. Nun suchen die Kinder die Fähnchen, benennen die gefundenen Gegenstände, sammeln sie und denken sich zu diesen Fundstücken gemeinsam mit Ihnen eine Geschichte aus, die mit jedem Fundstück erweitert wird. Wer die meisten Gegenstände gefunden hat, gewinnt einen Preis. Sie können auch erst alle Bilder und Gegenstände sammeln und sich im Nachhinein eine Geschichte ausdenken oder erzählen lassen.
Dieses Spiel funktioniert auch ohne den Einsatz von Fähnchen, indem Sie lediglich unterschiedliche Gegenstände oder Bilder verstecken.

VARIANTE: Mithilfe der Fähnchen können Sie auch einen Weg markieren, der zu einem bestimmten Ziel führt, z. B. zu einer Höhle oder zu einem riesigen Baum.

Geschichten erfinden

ERZÄHLSPIEL

Material: Bildkarten; 3–8 Mitspieler

Für dieses Spiel benötigen Sie beliebige Bildkarten. Jeder Mitspieler erzählt mithilfe der Karten eine Geschichte. Die Bildkarten können aufgedeckt sein und werden jeweils umgedreht, wenn die Inhalte der Bilder in die Geschichte integriert wurden. Nehmen wir an, vor Ihnen liegen Bilder von einem Affen, Turnschuhen, einem Kamel und dem Meer. Dann könnte die Kurzgeschichte lauten:

> *Dies ist ein Affe. Er trägt gern Turnschuhe und reitet am liebsten auf einem Kamel zum Meer.*

VARIANTE: Etwas schwieriger wird es, wenn Sie alle Kärtchen umdrehen, eine Karte nach der anderen aufdecken und die dargestellten Bilder in die Geschichte integrieren.

Der Märchenwald

Im Märchenwald sind einige Märchenfiguren unterwegs! Schauen Sie sich gemeinsam mit Ihrem Kind das Bild an. Was denkt Ihr Kind über die Figuren? Sie könnten z. B. fragen:

Was glaubst du, wie Schneewittchen sich fühlt?
Wo war Schneewittchen und was ist deiner Meinung nach passiert?
Was meinst du, wer wohnt in dem verwunschenen Schloss?
Wenn du der Zauberer wärest, was würdest du zaubern?
Was, glaubst du, macht der Wolf?
Wie könnte der Wolf ausgetrickst werden, wenn er Rotkäppchen fressen will?
Was will Rübezahl da gerade machen? Was denkt er wohl?

ERZÄHLSPIEL
2 Mitspieler

Findest du den Apfel?

Drei Elemente

REAKTIONSSPIEL
4–10 Mitspieler

Ein Spieler gibt eines der drei Elemente vor, entweder Erde, Luft oder Wasser. Wer als Erster ein Tier nennt, das in diesem Element lebt, darf als Nächster eines der Elemente vorgeben.

VARIANTE: Das Spiel wird etwas schwieriger, wenn nicht nur das Element, sondern auch der Anfangsbuchstabe der gesuchten Tiere festgelegt wird.

Sag die Farbe, nicht das Wort!

KONZENTRATIONS-SPIEL
2–6 Mitspieler

Bei diesem Spiel sind Kinder, die noch nicht lesen, wohl aber Farben unterscheiden können, gegenüber Erwachsenen eindeutig im Vorteil. Schließlich sind es Erwachsene gewohnt, Texte zu lesen und nicht nach ihren Farben zu identifizieren. Hier geht es aber genau darum: Es dürfen nämlich nicht die Worte (also gelb, blau, rot usw.) vorgelesen werden, sondern die Farbe, in der das Wort jeweils geschrieben ist. Und das ist gar nicht so einfach!
Die aufgeschlagene Buchseite liegt auf dem Tisch, und nun benennen die Spieler der Reihe nach möglichst zügig jede Farbe. Wer eine Farbe verwechselt, gibt an den nächsten Spieler ab. Gleichzeitig wird notiert, wie weit er beim Vorlesen gekommen ist (etwa: 3. Reihe, 2. Wort). Der nächste Spieler beginnt wieder beim ersten Wort. Gewonnen hat der Spieler, der die meisten Farben fehlerfrei benennen konnte.

GELB VIOLETT BLAU ORANGE SCHWARZ ROT GRÜN GELB ROT
BLAU GRÜN SCHWARZ GRÜN BLAU GRÜN SCHWARZ GRÜN BLAU
ORANGE BLAU ORANGE SCHWARZ ROT WEISS ROSA BLAU BRAUN
GRÜN VIOLETT GELB ROT GELB VIOLETT SCHWARZ ROT WEISS
GELB VIOLETT BLAU ORANGE BLAU ORANGE SCHWARZ ROT GRÜN
GELB ROT SCHWARZ ROT GRÜN GELB ROT BLAU GRÜN WEISS
ROSA BLAU BRAUN GRÜN VIOLETT GELB ROT SCHWARZ GRÜN
BLAU ORANGE SCHWARZ ROT GRÜN GELB ROT BLAU GRÜN
SCHWARZ GRÜN BLAU ORANGE SCHWARZ ROT WEISS ROSA BLAU
BRAUN GRÜN VIOLETT GELB ROT BLAU GELB VIOLETT BLAU
ORANGE SCHWARZ ROT GRÜN GELB ROT BLAU GRÜN SCHWARZ
GRÜN BLAU ORANGE SCHWARZ ROT WEISS ROSA BLAU BRAUN
GRÜN VIOLETT GELB ROT GRÜN GELB ROT BLAU GRÜN SCHWARZ
GRÜN BLAU ORANGE SCHWARZ ROT WEISS ROSA BLAU BRAUN
GRÜN VIOLETT GELB ROT BLAU GELB VIOLETT BLAU ORANGE
SCHWARZ BLAU ORANGE SCHWARZ ROT WEISS ROSA BLAU
BRAUN GRÜN VIOLETT GELB ROT BLAU GELB VIOLETT BLAU
ORANGE SCHWARZ ROT GRÜN GELB ROT BLAU GRÜN SCHWARZ
GRÜN BLAU ORANGE SCHWARZ ROT WEISS BRAUN GRÜN VIOLETT
GELB ROT BLAU GELB VIOLETT BLAU ORANGE SCHWARZ ROT
GRÜN GELB ROT BLAU GRÜN SCHWARZ GRÜN BLAU ORANGE
SCHWARZ SCHWARZ ROT GRÜN GELB ROT BLAU GRÜN WEISS
ROT WEISS BLAU GELB VIOLETT BLAU ORANGE BRAUN GRÜN
VIOLETT GELB ROT BLAU GELB SCHWARZ GRÜN BLAU ORANGE
SCHWARZ ROT VIOLETT BLAU ORANGE SCHWARZ ROT GELB BLAU

Kannst du schon lesen? Dann achte nur auf die Farben und benenne diese!

Tangram

KREATIVSPIEL

Materialien: Butterbrotpapier, feste Pappe, Farbe, Schere; 2 Mitspieler

Dieses Legespiel besteht aus sieben geometrischen Formen, die durch das „Zerschneiden“ eines Quadrates in zwei große Dreiecke, ein mittelgroßes Dreieck, zwei kleine Dreiecke, ein Quadrat und ein Parallelogramm entstehen. Die beiden kleinen Dreiecke ergeben zusammen das mittelgroße Dreieck. Sie sind zusammen außerdem ebenso groß wie das Quadrat oder das Parallelogramm. Das mittelgroße Dreieck und die beiden kleinen Dreiecke wiederum bilden zusammen das große Dreieck.

Mit durchscheinendem Papier (Butterbrotpapier) können Sie die hier abgebildete Vorlage (eventuell vergrößert) abzeichnen. Übertragen Sie von dieser Schablone die Linien auf eine dicke Pappe. Die Kinder können nun die einzelnen geometrischen Formen in unterschiedlichen Farben anmalen.
Jetzt werden die sieben Teile sorgfältig ausgeschnitten und das Spiel kann beginnen.

WICHTIG: Beim Legen der Figuren müssen immer alle sieben Formen verwendet werden! In der einfachen Variante gilt die bunte Vorlage, aus der schnell ersichtlich wird, wie die Teile gelegt werden müssen. Komplizierter wird es, wenn die Vorlage nur schwarz ist, also lediglich in ihrer Gesamtform abgebildet wird. Jetzt sind Tüfteltalent und geometrisches Denken gefragt. Einige Beispiele finden Sie hier.

Drei in einer Reihe

Diese Spiele haben schon Generationen von Kindern die Langeweile vertrieben!

SPRACHSPIEL

Materialien: Rechenblatt, Spielsteine; 2 Mitspieler

VARIANTE 1: Eines der Kinder malt in ein Rechenheft ein Quadrat mit neun Kästchen. Der erste Spieler wählt z. B. den Buchstaben „X“, Spieler zwei den Buchstaben „O“. Nun malen sie abwechselnd ihre Buchstaben in das Quadrat, immer bemüht, eine waagrechte, senkrechte oder diagonale Reihe aus drei gleichen Buchstaben zu bilden. Gewonnen hat der Spieler, der zuerst eine Reihe gebildet hat.

VARIANTE 2: Eine Spielvariante lässt sich ähnlich wie das Spiel „Mühle“ spielen. Folgendes Spielfeld kann dazu aufgezeichnet werden, am besten in einem Rechenheft.

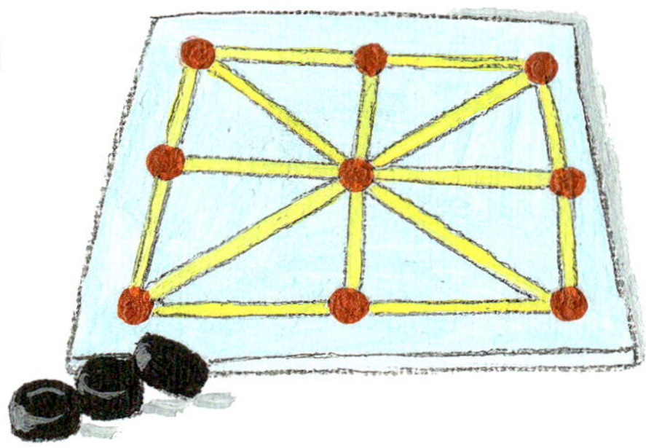

Jetzt erhält jeder der beiden Spieler drei Spielsteine, z. B. vom Mühle- oder Damespiel. Dann wird abwechselnd gesetzt. Entsteht beim Setzen noch keine Dreierreihe (waagrecht, senkrecht oder diagonal), dann werden anschließend die Spielsteine so lange abwechselnd gezogen, bis einer der Spieler eine Reihe vollendet hat.

VARIANTE 3: Diese Spielvariante lässt sich am besten in einem Hof, auf dem Bürgersteig oder am Strand spielen. Die Kinder malen ein Quadrat mit neun Feldern auf den Boden. Beide Spieler erhalten je drei Steine oder Muscheln, die sich gut in Form, Farbe oder Größe voneinander unterscheiden. Nun werden die Steine abwechselnd auf die Felder gesetzt. Danach ziehen die Spieler ihre Spielsteine in eine beliebige Richtung um ein Feld weiter, bis es einem der Spieler gelingt, eine Dreierreihe zu legen.

Wagemut

RECHENSPIEL
Materialien: ein Würfel, Papier und Stift zum Aufschreiben; 2–6 Mitspieler

Zu Beginn des Spiels legen die Kinder eine beliebige Zahl zwischen 10 und 20 fest. Die Kinder würfeln reihum und zählen ihre Ergebnisse (gegebenenfalls mithilfe eines Erwachsenen) zusammen.
Ziel des Spiels ist, sich der festgelegten Zahl zu nähern, sie jedoch nicht zu überschreiten. Wer meint, mit seinem Ergebnis der Zahl nahe genug zu sein, darf aussetzen. Wagemutige hingegen würfeln länger. Wer jedoch die Zahl überschreitet, scheidet aus. Sieger ist, wer die gesuchte Zahl entweder genau erreicht hat oder wer ihr am nächsten kommt.

Glückssache

RECHENSPIEL
Materialien: Würfel, Papier und Stift zum Aufschreiben; 2–6 Mitspieler

Bevor das Spiel beginnt, legen die Spieler eine Gesamtpunktzahl fest, die im Höchstfall gewürfelt wird. Dann sucht sich jeder eine Glückszahl von 1 bis 6 aus. Wichtig: Jedes Kind wählt eine andere Zahl. Nun wird reihum gewürfelt. Würfelt ein Spieler seine eigene oder die Glückzahl eines anderen, dann erhält der Spieler mit dieser Glückszahl fünf Punkte. Die Ergebnisse werden von einem erwachsenen Mitspieler oder einem älteren Kind in einer Tabelle notiert. Gewonnen hat, wer die zuvor festgesetzte Punktzahl erreicht hat.

Weissager

RECHENSPIEL
Materialien: 1–3 Würfel, Streichhölzer; 2–6 Mitspieler

Jeder Spieler bekommt drei Streichhölzer. Dann sagt jeder von ihnen voraus, was er würfeln wird. Gelingt es einem Spieler, diese Punktzahl zu würfeln, so darf er ein Streichholz in die Mitte legen. Würfelt er eine andere Zahl, darf er kein Hölzchen ablegen. Wer zuerst kein Streichholz mehr besitzt, hat gewonnen.

Volle Reihe

RECHENSPIEL
Materialien: Würfel, Papier und Stift zum Aufschreiben; 2–6 Mitspieler

Bei diesem Spiel geht es darum, so schnell wie möglich eine Reihe aus den Zahlen von 1 bis 6 zu würfeln. Dabei muss allerdings konsequent die Reihenfolge eingehalten werden. Die Ziffern werden dann der Reihe nach auf einen Zettel geschrieben. Würfelt ein Spieler z. B. eine 4, dann darf er sie nur aufschreiben, wenn er die Zahlen 1, 2 und 3 in dieser Reihenfolge bereits gewürfelt hat. Wer seine Reihe zuerst komplett hat, ist Sieger.

Bei diesem Spiel können Kinder lernen, wie die Punkte auf dem Würfel als geschriebene Ziffern aussehen. Der Lerneffekt ist am besten, wenn die gewürfelten Punkte neben den Ziffern notiert werden.

Zahlen blasen

RECHENSPIEL
Material: Papier; 2–6 Mitspieler

Schreiben Sie groß und deutlich die Zahlen von 1 bis 3 auf ein Blatt Papier. Insgesamt sollten es ungefähr 20 bis 30 verschiedene Zahlen sein. Sie können auch diverse Zahlen in großer Schriftgröße tippen und diese ausdrucken. Alternativ können Sie statt der Zahlen Symbole malen, z. B. Punkte wie auf einem Würfel.
Schneiden Sie mit den Kindern die Zahlen aus und legen Sie die einzelnen Papierschnipsel übereinander auf einen Tisch, mit den Zahlen nach unten. Jetzt bläst der erste Spieler auf den Zettelhaufen. Er darf sich alle Schnipsel, die nun mit den Zahlen nach oben daliegen, nehmen und die Summe der Zahlen berechnen. Gewonnen hat, wer die größte Zahl zusammenpusten konnte.

	Kommunikation	Sprachverständnis
bis ca. 3 Monaten	drückt durch Schreien und Mimik Wohlbefinden und Unbehagen aus	reagiert auf laute Geräusche
bis ca. 4 Monaten	lächelt bewusst	nimmt Stimmungen über Stimmklang und Satzmelodie wahr
bis ca. 6 Monaten		wendet den Kopf zu einer Geräuschquelle
bis ca. 9 Monaten		reagiert darauf, wenn der eigene Name gerufen wird; wendet sich gezielt einer Geräuschquelle zu
bis ca. 10 Monaten		
bis ca. 12 Monaten		beginnt die Bedeutung von Wörtern zu verstehen, für das Verständnis sind Mimik, Gestik und Tonfall des Gesprächspartners sehr wichtig
bis ca. 1 ½ Jahren	Eltern und Kind schauen bewusst gemeinsam auf das Gleiche	versteht mehr Wörter, als es selbst sagen kann; versteht kleine Aufforderungen wie *Komm her!*
bis ca. 2 Jahren		versteht einfache alltägliche Fragen und Aufforderungen; versteht Eigenschaften wie *lieb, heiß, weich;* versteht mind. 100 Wörter
bis ca. 2 ½ Jahren	benennt sich mit eigenem Namen	nutzt Grammatik zum Verstehen

Artikulation	Wortschatz	Grammatik
macht erste lautähnliche Äußerungen		
Lautbestand erweitert sich		
kombiniert Laute, wie z. B. *waa, gaa*		
speichert gehörte Laute; ahmt erste Laute und Mundbewegungen nach		
ahmt Mundbewegungen nach; produziert mit Freude Doppelsilben *(dadada)* und Silbenketten zunächst ohne Sinnbezug *(gadidu)*		
übt die Aussprache einzelner Wörter; sie muss aber noch nicht korrekt sein	erste Wörter	Einwortäußerungen bekommen die Bedeutung von ganzen Sätzen, z. B. *Ball!* kann bedeuten: *Ich möchte den Ball haben! Spiel mit mir! Da ist der Ball!*
benutzt alle Vokale: *a, e, i, o, u;* beherrscht Laute wie *m, b, p* und eventuell auch schon *d, f, l, n, t, w;* erste komplizierte Lautverbindungen werden ausgesprochen: z. B. *ch, kn, gl*	erweitert seinen Wortschatz; bezeichnet Gegenstände, Personen, erste Tätigkeiten; beherrscht ca. 50 Wörter	
	der Wortschatz erweitert sich explosionsartig; beherrscht ca. 200 Wörter; benutzt soziale Wörter wie *tschüss, heia, oh-oh, da,* Eigennamen und Substantive wie *Hund, Ball, Haus,* Tätigkeitswörter wie *schlafen, essen* oder *rufen*; es benutzt erste Eigenschaftswörter wie *groß, schön, kalt* und Wörter wie *mehr, alle, noch mal;* drückt Absichten und Wünsche aus, z. B. *haben*	bildet kurze Sätze; Zweiwortäußerungen; Verben stehen ungebeugt am Ende eines Satzes, z. B. *Ball haben!*

	Kommunikation	Sprachverständnis
bis ca. 3 Jahren	Warum-Fragealter beginnt; führt Selbstgespräche mit Puppen und Tieren	versteht Präpositionen, z. B. *in, auf, über, unter*
bis ca. 4 Jahren	benennt sich mit ich; erweitert sein Wissen durch Fragen, z. B. *wo, wer, was, warum*	versteht Gegensätze und Abstufungen, z. B. *groß – klein, groß – größer*
bis ca. 6 Jahren 	erzählt kleine Geschichten; beschreibt, was Figuren machen	versteht Sachverhalte und Aufgabenstellungen, die den eigenen Lebensbereich betreffen
ab ca. 6 Jahren	beherrscht Kommunikationsregeln sicher	fragt nach Bedeutung von Wörtern, die es nicht kennt

Artikulation	**Wortschatz**	**Grammatik**
	erfindet neue Wörter, z. B. Hosenhalter, Bestimmer; erkennt und benennt erste Farben; benennt Schmerz, Müdigkeit, Abscheu, Liebe, *iih, aua, müde/heia, lieb*	Länge einer Äußerung nimmt zu
	beherrscht ca. 800 Wörter; erste Zuordnung der Artikel der, die, das; beginnt, Ausdrücke für Denken, Wissen, Erinnerungen und Träume zu gebrauchen, z. B. *ich denke, ich weiß*	Endungen von Verben werden richtig gebildet, z. B. er geht, ich gehe; Fehler entstehen noch bei unregelmäßigen Formen, z. B. *er ist gegangt;* das gebeugte Verb steht zunehmend an zweiter Position im Satz, z. B. *Peter malt ein Bild.*
Lautsystem komplett bis auf evtl. *s, sch, r* und schwierige Lautverbindungen wie *br, dr, kn*	spricht bis zu 3000 Wörter; benutzt Präpositionen, z. B. *auf, über, unter, in, neben;* hat Vorstellung von Vergangenheit, Gegenwart und Zukunft und benutzt entsprechende Tätigkeitswörter größtenteils richtig; benennt einzelne Körperteile und erklärt ihre Funktion	bildet vollständige Sätze, auch Nebensätze, z. B. *Der Junge weint, weil der Hund bellt.*
beherrscht die Laute seiner Muttersprache sicher	Grundwortschatz ist vorhanden, ca. 3000–7000 Wörter; gebraucht Artikel und Pluralformen richtig; Wortschatz entwickelt sich ständig weiter, vor allem in spezielleren Sachgebieten	fehlerfreie Grammatik; verwendet auch Vergangenheitsform, z. B. *Das Mädchen ging zum Kindergarten.*

Wie erwirbt Ihr Kind seine Sprache(n)?

Ihr Kind leistet sehr viel, wenn es seine Sprache(n) erwirbt. So eignet es sich alle Laute seiner Muttersprache an, z. B. „A“ oder „E“, „L“ oder „M“. Es lernt, Ihren Gesichtsausdruck und Ihre Körpersprache in den verschiedenen Situationen zu deuten und kann diese Techniken bald selbst geschickt einsetzen. Ihr Kind lernt, Sie zu verstehen, und benutzt aktiv eigene Wörter, um Ihnen etwas mitzuteilen. Kann sich Ihr Kind einer Vielzahl von Wörtern bedienen, dann weiß es auch bald, diese zu einem Satz zusammenzusetzen. Auch lernt es, nach allen Regeln eines Gesprächs mit Ihnen zu kommunizieren.

Wie erwirbt Ihr Kind aber nun seine Sprache(n)? Je mehr Sie darüber wissen, desto besser können Sie Ihr Kind beim Spracherwerb unterstützen und fördern.

KINDER AHMEN NACH

Ihr Kind lernt eine oder mehrere Sprachen, indem es Sie oder andere Personen aus seiner unmittelbaren Umgebung beobachtet. Wenn Sie merken, dass es Sie nachahmt, dann loben Sie Ihr Kind. So fühlt es sich auf seinem Weg bestärkt und bestätigt. Deshalb ist es wichtig, dass Sie ihm ein gutes Sprachvorbild sind.

Das Nachahmen ist aber nicht der einzige Lernweg, denn Kinder äußern sprachliche Formen, die sie zuvor nie gehört haben. Das tun sie durch Ableiten von Regeln. Daher entstehen Formen, die Sie Ihrem Kind so nicht vorgesagt haben, z. B. „gelauft“ statt „gelaufen“.

KINDGERECHT MITEINANDER SPRECHEN

Ist Ihnen schon einmal aufgefallen, dass Sie sich sehr gut auf die sprachlichen Bedürfnisse Ihres Kindes einstellen können? Sie sprechen in kürzeren Sätzen und wiederholen Gesagtes häufiger oder versuchen Gemeintes neu zu umschreiben. Außerdem sprechen Sie viel langsamer und betonen fast überdeutlich, wenn Sie mit Ihrem Kind reden. Sie sagen gern „Oh“ oder „Ah“, um Gefühle auszudrücken. Diese Sprechweise wird „motherese“ genannt. Damit motivieren Sie ebenfalls Ihr Kind beim Sprechenlernen. Aber auch das allein reicht nicht aus, um eine oder mehrere Sprachen zu erwerben.

KINDER WOLLEN SPRECHEN

Ihr Kind lernt vor allem deshalb sprechen, weil es sprechen möchte. Denn mit Sprache kann es seine Bedürfnisse äußern, seine Wünsche, Entdeckungen und Gedanken mitteilen. Lassen Sie Ihrem Kind die Freude und Lust am Sprechen, egal wie langsam oder fehlerhaft die Äußerungen am Anfang vielleicht noch sind. Fehler gehören zum Sprechenlernen dazu.

SPRACHE ERWERBEN IM ZUGE DER ALLGEMEINEN ENTWICKLUNG UND REIFE

Darüber hinaus steht der Spracherwerb in enger Verbindung zur allgemeinen Reife oder Entwicklung Ihres Kindes. So lernt es etwa im Zuge seiner Entwicklung, Sinneseindrücke zu verarbeiten, zu denken und sich an bereits Erlebtes zu erinnern. Sprache erwirbt ein Kind dann, wenn es Stück für Stück von der Welt verstehen lernt.
Ein Beispiel: Sprachliche Vergleiche wie „Dieses Buch ist kleiner als das Buch dort“ können Kinder erst dann sinnvoll ausdrücken, wenn sie wissen, was „klein“ und „groß“ bedeutet und wenn sie verstanden haben, dass man Dinge in ihrer Größe miteinander vergleichen kann.

Sie helfen Ihrem Kind deshalb beim Erwerb seiner Sprache(n), wenn Sie mit ihm die Welt erkunden, ihm die Umgebung Schritt für Schritt zeigen und ihm Vorgänge erklären. Gehen Sie mit Ihrem Kind in Parks, in Museen, in den Zoo und artikulieren Sie Ihre Beobachtungen. Gehen Sie zusammen einkaufen, kochen und backen Sie gemeinsam. Malen, singen und basteln Sie mit Ihrem Kind – erleben Sie einfach intensiv den Alltag zusammen und ergreifen Sie aktiv die Gelegenheit, sich darüber auszutauschen.

ANGEBORENE FÄHIGKEIT, EINE SPRACHE ZU ERWERBEN

Bislang noch nicht erklärt ist die Frage, wie ein Kind grammatische Regeln erwirbt und woher es z. B. weiß, dass dieser Satz korrekt ist: „Er geht ins Schwimmbad.“ Und dass es falsch wäre, zu sagen: „Er ins gehen Schwimmbad.“ Der Inhalt ist in beiden Fällen verständlich. Wieso aber sagen Kinder im Spracherwerbsprozess „gelauft“? Da weder das Nachahmen von Sprache, das Sprechenwollen, das Miteinandersprechen und -handeln noch die allgemeine Entwicklung diesen Aneignungsprozess ausschließlich erklären können, wird davon ausgegangen, dass Kinder angeborene Fähigkeiten besitzen, die ihnen den Spracherwerb und insbesondere den Erwerb grammatischer Regeln ermöglichen. Das heißt nicht, dass Kinder bereits mit einer Sprache oder Grammatik „im Kopf“ geboren werden. Gemeint ist vielmehr, dass bei Kindern „Spracherwerbsmechanismen“ wirken, sobald sie mit Sprache in Berührung kommen. Diese sorgen dafür, dass Kinder Regeln ihrer Muttersprache(n) mühelos schnell erkennen und anwenden können.

Die Sprachentwicklung von Anfang an fördern

Helfen Sie Ihrem Kind dabei, seine Sprache(n) zu entdecken! Unterstützen und fördern Sie es von Anfang an. Sprechen Sie viel mit Ihrem Kind und zeigen Sie, dass Sie sich für seine Wünsche, Gefühle und Bedürfnisse interessieren. Nehmen Sie sich im stressigen Alltag trotzdem Zeit dafür. Versuchen Sie, sich immer wieder in Ihr Kind hineinzuversetzen: Stellen Sie ihm Fragen, hören Sie ihm gut zu und sprechen Sie auch über Ihre eigenen Gedanken.

Dieses Buch ermöglicht Ihnen mit einer Vielzahl von altersgerechten Spielideen, den Spracherwerb Ihres Kindes besonders effektiv zu unterstützen. Anregungen und Spielideen sind verschiedenen Förderkategorien zugeordnet. So fördern beispielsweise Spiele in der Kategorie „Von Kopf bis Fuß" die Wahrnehmung des eigenen Körpers. Trotzdem können Spiele aus dieser Kategorie darüber hinaus auch weitere Bereiche fördern, wie etwa den Wortschatz. Nicht alle Förderkategorien sind für jeden Altersbereich gleich relevant, so sind beispielsweise die Bereiche „Sätze richtig bilden" und „Erzählmeister" für Babys uninteressant, für Vorschulkinder aber von großer Bedeutung. Allen Förderkategorien ist gemeinsam, dass sie die Entwicklung der Sprache fördern, ganz egal, welche Art Spiel Sie mit Ihrem Kind spielen.

VON KOPF BIS FUSS

■ Mit Spielen dieser Kategorie fördern Sie bei Ihrem Kind vor allem das Wahrnehmen, Entdecken und Fühlen des eigenen Körpers.

MIT ALLEN SINNEN

■ Mit den Augen sehen, mit den Ohren hören, mit der Nase riechen, mit dem Mund schmecken und mit der Haut fühlen – mit den Sinnen nehmen wir die „Welt" in uns auf. Durch die Sinne wird die „Umwelt" erfahrbar. Spiele dieser Kategorie fördern die verschiedenen Sinne Ihres Kindes.

AUFGEPASST!

■ Wer sich nicht auf eine Sache konzentrieren kann, lernt weniger. Wer sich nicht entspannen kann, findet nicht zu neuer Kraft. Mit verschiedenen Spielen und Anregungen fördern Sie die Fähigkeit Ihres Kindes, sich zu konzentrieren, zu entspannen und aufmerksam zu sein.

GEDÄCHTNISKÜNSTLER UND TANZBÄREN

■ Sprache ist Rhythmus und Melodie. Sprachentwicklung heißt, den Rhythmus einer Sprache, ihre Melodie wahrzunehmen und sich Sprache zu merken. Singen und Tanzen, das Lesen und Einüben von Reimen, Versen und Gedichten üben diese Fähigkeiten sehr gut. Neben vielen Liedern, Tanzspielen, Versen und Gedichten finden Sie in dieser Kategorie auch tolle Merkspiele.

RUND UM DEN MUND

■ Kräftige Lippen, eine flinke Zunge und ein ausreichend langer Atem sind die Voraussetzung dafür, deutlich zu sprechen. Spiele in dieser Kategorie stärken die Muskulatur und zum Sprechen notwendige Bewegungsabläufe von Lippen und Zunge.

LAUTER LAUTE

■ Bevor Ihr Kind sein erstes Wort gesagt hat, hat es schon eine Vielzahl von Lauten erworben. Dazu muss es heraushören, welche Laute in unserer Sprache vorkommen, z. B. „L“ oder „S“. Es erkennt, nach welchen Regeln sich die Laute zu Wörtern verbinden lassen, denn so etwas wie „ngladutzji“ geht im Deutschen nicht. Ihr Kind lernt, wie Laute am besten auszusprechen sind.

NACH DEN WÖRTERN GREIFEN

■ Sprache erwerben heißt, den Sinn von Wörtern zu begreifen, zu entdecken, zu erforschen. Mit einer Vielzahl von Spielen können Sie den Wortschatz Ihres Kindes erweitern und Ihr Kind zum Sprechen animieren.

SÄTZE RICHTIG BILDEN

■ Wir verständigen uns nicht in Wörtern, sondern durch Sätze. Nach welchen Regeln aber werden Wörter zu einem Satz zusammengestellt? Übungen in dieser Kategorie fördern die Fähigkeit, grammatisch richtig zu sprechen. Dazu gehört beispielsweise, dass Ihr Kind lernt, dass „er geht“ richtig ist, aber „er gehen“ falsch. Es wird auch erkennen, dass „Der Mann geht ins Kino“ ein richtig gebildeter Satz ist, während „Mann Kino der ins geht“ falsch ist.

ERZÄHLMEISTER

■ Sätze werden zu Geschichten, indem wir sie sprachlich aufeinander beziehen, z. B.: „Der Elefant niest. Er hat Schnupfen.“ Auch das sinnvolle Zusammenfügen von Ereignisfolgen, das Charakterisieren von Personen oder das Wissen darum, was ein anderer alles wissen muss, um die eigene Geschichte zu verstehen, macht einen Erzählmeister aus.

SCHLAUFUCHS

■ Kinder sind kreativ. Die kleinen Forscher und Entdecker wollen die Welt verstehen und schlau sein. Spiele dieser Kategorie erweitern das kindliche Wissen, fördern die Fähigkeit, logisch zu denken und kreativ zu sein.

Ein Kind kann mehrere Sprachen beherrschen

Viele Menschen sprechen mehr als nur eine Sprache – manche sprechen zwei Muttersprachen, andere beherrschen verschiedene Fremdsprachen und wieder andere sprechen eine Muttersprache und eine Zweitsprache. „Muttersprache“ wird diejenige Sprache genannt, mit der ein Kind von Geburt an aufwächst. In den meisten Fällen ist es diejenige Sprache, die Mutter und Vater sprechen. Spricht die Mutter Deutsch und der Vater beispielsweise Englisch, wächst ein Kind „bilingual“, also „zweisprachig“ auf. Es ist möglich, dass ein Kind beide Sprachen etwa gleich gut beherrscht. Es kann aber auch sein, dass es eine Sprache besser und sicherer spricht als die andere.

ZWEISPRACHIG AUFWACHSEN

Kinder, die zweisprachig aufwachsen, erhalten die Chance, mindestens zwei Sprachen auf sehr hohem Niveau zu erlernen. Diese Chance sollte ihnen nicht genommen werden. Es kann zwar während des Spracherwerbs zu kleineren Zeitverzögerungen kommen (3–4 Monate), diese werden aber schnell aufgeholt. Zweisprachig aufwachsende Kinder lernen außerdem leichter und schneller weitere Sprachen. Wächst Ihr Kind zweisprachig auf, dann sollten Sie mit Ihrem Kind konsequent in Ihrer Muttersprache sprechen, mischen Sie die Sprachen nicht.

DEUTSCH ALS ZWEITSPRACHE

Kinder, die in Deutschland aufwachsen, deren Eltern aber eine andere Muttersprache (z. B. Russisch) sprechen, lernen Deutsch als Zweitsprache, während Russisch ihre Muttersprache ist. Wenn Ihr Kind Deutsch als Zweitsprache lernt, bringen Sie es so früh und kontinuierlich wie möglich mit anderen Kindern und Erwachsenen in Kontakt, die Deutsch sprechen: z. B. in der Krabbelgruppe, in der Krippe, und/oder in der Kita.

FREMDSPRACHEN LERNEN

Eine Fremdsprache lernen wir, wenn wir uns eine fremde Sprache aneignen, die weder unsere Muttersprache noch die Sprache des Landes ist, in dem wir leben. In der Hoffnung, dass ihre Kinder weitere Sprachen schnell und früh beherrschen werden, schicken viele Eltern ihre Kinder immer früher in Sprachkurse. Teilweise werden solche Kurse bereits im Krabbelalter angeboten. Schicken Sie Ihr Kind nur dann in einen solchen Kurs, wenn es selbst Lust und Interesse daran zeigt. Sobald sich Ihr Kind von solchen Kursen überfordert fühlt, lernt es die gewünschte Sprache kaum.

Sie sorgen sich um die Sprachentwicklung Ihres Kindes?

Welche Eltern machen sich nicht hin und wieder Gedanken um die Entwicklung ihres Kindes? Das ist ganz normal und gehört zum „Elternsein“ dazu!

IHR KIND HAT SEINEN EIGENEN PLAN.

Oft entstehen diese Sorgen dadurch, dass wir unsere Kinder mit anderen Kindern vergleichen. Sie schauen auf ein anderes Kind und fragen sich, wie alt es wohl sein mag, denn es hält bereits seinen Kopf allein, jauchzt glücklich und lächelt Sie an. Vielleicht werden Sie auch gefragt, wie alt Ihr Kind ist, und hören dann Kommentare wie: „Oh, dann läuft es sicher schon!“ Beliebt sind auch Sätze wie: „Wie alt ist Ihr Kind denn? Es hat ja noch gar keine Zähne!“ Solche Kommentare setzen Eltern unter Druck. Egal wo Sie hingehen, Ihr Kind wird verglichen. Versuchen Sie sich davon freizumachen, denn Ihr Kind entwickelt sich individuell nach seinem eigenen Plan, nicht nach unserem. Es bringt seine Begabungen und Fähigkeiten mit. Auch wenn es kein Einstein wird, entfaltet es aber mit Sicherheit seine eigenen Stärken.

SCHAUEN SIE AUF FORTSCHRITTE!

Helfen Sie Ihrem Kind, seine Begabungen zu entdecken, und fördern Sie diese. Beobachten Sie Ihr Kind aufmerksam und freuen Sie sich über seine Fortschritte. Unterstützen Sie Ihr Kind, wenn Sie merken, dass es sich mit bestimmten Dingen schwertut. Werfen Sie sich nicht vor, etwas falsch gemacht zu haben.

MIT SPRACHLICHEN FEHLERN UMGEHEN

Während seiner Sprachentwicklung macht Ihr Kind Fehler. Das ist normal. Durch eine sanfte korrigierende Rückmeldung (auch als „korrektives Feedback“ bezeichnet) reagieren Sie angemessen darauf, ohne Ihrem Kind die Freude am Sprechen zu nehmen. Sagt es z. B.: „Anna Kino gegangt“, können Sie sagen: „Ja, stimmt, Anna ist ins Kino gegangen.“ Auf diese Weise kommentieren Sie nicht den Fehler, sondern legen Ihre Aufmerksamkeit auf die Aussage Ihres Kindes, korrigieren und erweitern diese beiläufig. Schön wäre es, wenn Sie die richtige, sprachliche Zielform beiläufig anbieten könnten, z. B. indem Sie ergänzen: „Mit wem ist Anna denn ins Kino gegangen? Bist du auch ins Kino gegangen?“

SUCHEN SIE SICH HILFE!

Scheuen Sie sich nicht, Beratung und Hilfe von Experten in Anspruch zu nehmen, wenn Sie das Gefühl haben, dass Sie alleine nicht weiterkommen.

Fragen Sie lieber einmal mehr nach als einmal zu wenig. Experten – Kinderärzte, Logopäden, Krankengymnasten, egal wen Sie zurate ziehen – haben für Ihre Sorgen Verständnis und kennen Wege, Ihrem Kind zu helfen.

WANN SIE HILFE AUFSUCHEN SOLLTEN

Beobachten Sie bei Ihrem Kind eine der im Folgenden aufgelisteten Entwicklungsauffälligkeiten, dann sollten Sie mit ihm einen Kinderarzt aufsuchen.

- Mein Kind schaut mich im Gespräch nicht an.
- Mein Kind gibt kaum Lautäußerungen von sich, es spricht nicht, mein Kind schweigt.
- Mein Kind zeigt mit 2 Jahren auf viele Dinge, benennt die Dinge aber nicht.
- Mein Kind ist 2 Jahre alt und spricht nur sehr wenige Wörter.
- Mein Kind ist 2½ Jahre alt und spricht noch vorwiegend in der Babysprache.
- Mein Kind spricht sehr undeutlich, andere verstehen es nicht.
- Mein Kind antwortet nicht auf Fragen oder antwortet häufig: „Ich weiß nicht!"
- Mein Kind hält den Mund meistens offen. Es fließt Speichel aus dem Mund.
- Mein Kind isst nicht richtig. Es verschluckt sich häufig.
- Mein Kind ist 3 Jahre alt und kann nicht mit einem Strohhalm trinken.
- Mit seinen 3 Jahren kann mein Kind keine Kerze auspusten.
- Mein Kind ist 3½ Jahre alt und kann Wörter nicht richtig nachsprechen.
- Mein Kind spricht zu schnell oder zu langsam.
- Mein Kind stottert.
- Mein Kind ist 4 Jahre alt und spricht viele falsche Sätze.
- Mein Kind ist häufig heiser.

Spieleübersicht

Name des Spiels	Mitspieler	Alter	Themenkreis	Seite
Abzählverse				
Eine kleine Dickmadam	2–6	1–2	Auf Reisen	**58**
Ene mene mink mank	2–6	1–2	Nonsens	**58**
Annchen, Dannchen	2–6	1–2	Nonsens	**59**
Ansaugspiele				
Bienen sammeln Blütenstaub	2–6	2–3	Natur, Tiere	**80**
Saugpuzzle	2–6	2–3	Thema frei wählbar	**83**
Schattenbilder	2–6	2–3	Möbel, Tiere, Kleid	**83**
„Spaghetti“ saugen	2–6	3–4	Essen	**115**
Atemspiele				
Bilder hauchen	2–6	1–2	Fantasie	**57**
Pusten, pusten, pusten	2	3–4	Thema frei wählbar	**117**
Das große Staunen	4–20	4–6	Körper	**139**
Aufmerksamkeitsspiele				
Ballsuche	2	0–1	Thema frei wählbar	**23**
Vom Himmel gefallen	2	0–1	Alltagsgegenstände	**23**
Suche im Dunkeln	2	0–1	Alltagsgegenstände	**23**
Schattengans	2–4	1–2	Tiere	**48**
Kommissar „Wachauge“	4–20	2–3	Kleidung	**71**
Geschichte mit vertauschten Bildern	2	2–3	Alltag	**93**
Im Labyrinth	2–6	3–4	Unterwegs	**108**
Ein Tag im Leben des Herrn von Kauz	2–6	3–4	Alltag	**127**
Bewegungsspiele				
Die Babywiege	2	0–1	Körper	**10**
Tick, tack	2	0–1	Zeit	**11**
Die Maus hat rote Röckchen an	2	0–1	Tier, Körper	**13**
Die Ziehharmonika	2	0–1	Körper	**14**
Spaziergang mit Abwechslung	2	0–1	Bewegung, Nähe	**15**
Der Hampelmann	2	0–1	Körper	**27**
Die wilden Beinchen	2	0–1	Körper	**31**
Hindernisparcours	2–6	1–2	Sport	**36**
Rollball	2–6	1–2	Sport	**38**
Papierweg	2	1–2	Unterwegs	**39**
Tierisches Theater	2–10	2–3	Körperbewegung	**84**
(Bilder-)Rätsel				
Um die Ecke gedacht	2–6	4–6	Allerlei	**149**
Wortbilder	2	4–6	Gegenstände	**153**
Was passiert da?	2–6	4–6	Satzbau	**161**

Ich bin schon ganz entspannt.

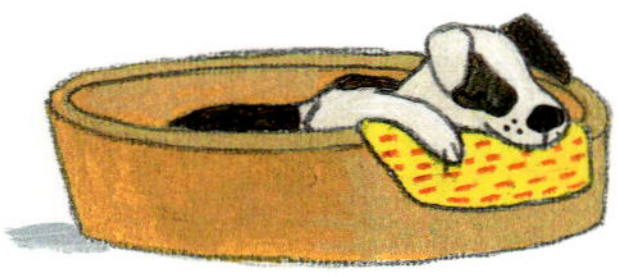

Name des Spiels	Mitspieler	Alter	Themenkreis	Seite
Entspannungsspiele				
Schifffahrt	2	1–2	Auf Reisen	**46**
Gewitter und anschließende Reise	2–6	3–4	Auf Reisen	**106**
Wortmeditation	2–6	4–6	Stille	**139**
Erzählspiele				
Welches Tier ist das?	2	1–2	Tiere	**61**
Im Supermarkt	2	2–3	Einkaufen	**73**
Die große Rübe	2–10	2–3	Märchen	**75**
Die Katze Molly	2–6	2–3	Tiere	**92**
Malen und basteln	2	4–6	Farben und Formen	**141**
So viele Formen	2	4–6	Farben und Formen	**145**
Bettgeflüster	2	4–6	Alltag	**161**
Rückengeschichte	2	4–6	Fantasie	**162**
Künstliche Landschaften bauen	3–8	4–6	Fantasie	**163**
Fähnchen im Wald	3–8	4–6	Natur	**164**
Geschichten erfinden	3–8	4–6	Thema frei wählbar	**164**
Der Märchenwald	2	4–6	Märchen	**165**
Fingerspiele				
Wo ist der Daumen?	2	0–1	Körper	**11**
Pflaumenernte	2	0–1	Natur	**12**
Ins Wasser gefallen	2	0–1	Natur	**12**
Fünf Männlein	2	0–1	Natur	**12**
Fingerpuppen basteln	2	0–1	Basteln	**22**
Kleines Fingerpuppentheater	2	0–1	Fantasie	**29**
Die alte Schnecke	2	1–2	Tiere	**35**
Himpelchen und Pimpelchen	2–10	1–2	Fantasie	**35**
Vogelnest	2	1–2	Natur	**40**
Fingerbahn	2	1–2	Körper	**40**
Eine Fingergeschichte	2–10	3–4	Körper	**126**
Himmel und Hölle	2–4	3–4	Thema frei wählbar	**130**
Tierfingerpuppen	2	4–6	Tiere	**132**
Geschicklichkeitsspiele				
Zeitungsregen	2–6	1–2	Wetter	**36**
Erster Fußball	2–8	1–2	Sport	**38**
Lastenesel	2–6	1–2	Tiere	**38**
Fußangel	2–6	2–3	Thema frei wählbar	**66**
Balancieren	2–6	2–3	Sport	**66**
Baumeister	2–6	2–3	Bauen	**69**
Der Turm zu Pisa	2–6	3–4	Bauen	**102**
Randvoll	2–6	3–4	Bauen	**102**
Zeitung füßeln	2	4–6	Sport	**133**

Name des Spiels	Mitspieler	Alter	Themenkreis	Seite
„Hör“-Spiele				
Hören und Sehen	2	0–1	Alltagsgegenstände	**28**
Geräusche verstecken	2	1–2	Alltag	**42**
Verschiedene Geräusche	2–4	1–2	Alltagsgegenstände	**49**
Kling, Töpfchen, klingelingeling	2–6	1–2	Alltag	**51**
Geräusche	2	1–2	Alltag, Verkehr	**59**
Richtig gehört?	2–4	2–3	Lebensmittel, Alltag	**70**
Geräuscheduo	2–4	2–3	Lebensmittel, Alltag	**70**
Kennst du das Geräusch?	2–6	2–3	Alltag	**72**
Geräusche wiedererkennen	2–6	4–6	Alltag	**136**
Zoo	6–14*	4–6	Tiere, Alltag	**137**
Kniereiterspiele				
Hoppe, hoppe, Reiter	2	0–1	Tiere	**24**
Pferdchen, lauf doch schneller	2	0–1	Tiere	**26**
Kombinationsspiele				
Das System	2–4	2–3	Farben, Formen	**94**
Was gehört nicht dazu?	2	2–3	Logik	**95**
Bärendomino	2–6	3–4	Nahrung	**128**
Konzentrationsspiele				
Würfeln und malen	2–4	3–4	Thema frei wählbar	**108**
Alle Vögel fliegen hoch	4–8	3–4	Tiere	**129**
Sich erinnern	2–4	4–6	Wohnen	**140**
Sag die Farbe, nicht das Wort!	2–6	4–6	Farben	**166**
Koordinationsspiele				
Eine Hand über der anderen	2–6	2–3	Körper, Reihenfolge	**64**
Känguru	2–6	2–3	Tiere	**67**
Ballonfahrt	4–8	4–6	Sport	**133**
Spiegelbild	2–10	4–6	Bewegung	**137**
Kosespiele				
Kleine Schnecke	2	0–1	Tiere	**10**
Mauserl	2	0–1	Tiere	**11**
Treppensteigen	2	0–1	Bewegung	**17**
Heile, heile, Segen	2	0–1	Tiere	**17**
Komm, mein Bärchen	2	0–1	Tiere	**20**
Das Mäuschen	2	0–1	Tiere	**20**
Guten Morgen, liebes Kindchen	2	0–1	Liebkosen	**21**
Sonnenkäferfamilie	2	0–1	Tiere	**25**
Kommt 'ne Maus	2	0–1	Tiere	**25**
Der Floh	2	1–2	Tiere	**36**
Abendkuss	2	1–2	Handkuss	**37**
Bauchstreichelreim	2	1–2	Liebkosen	**46**
Wer ist denn das?	2–4	1–2	Körperteile	**51**

* nur gerade Anzahl

Name des Spiels	Mitspieler	Alter	Themenkreis	Seite
Mein Schatz macht Rabatz	2	1–2	Liebkosen	**58**
Kribbel-krabbel	2	2–3	Tiere	**74**
Kreativspiele				
Jede Menge Knete	2–6	1–2	Thema frei wählbar	**43**
Schattenspiele	2–4	2–3	Tiere	**88**
Aus einem Wort wird ein ganzer Satz	2–6	3–4	Thema frei wählbar	**125**
Drei Dinge	2–6	3–4	Thema frei wählbar	**129**
Wortkette	2–6	4–6	Thema frei wählbar	**154**
Tangram	2	4–6	Thema frei wählbar	**168**
Lautspiele				
Aiou-Spiel mit zwei Puppen	2	0–1	Fantasie	**29**
A, E, I, O, U …	2	0–1	Mundbewegung	**30**
Rumunkel und seine Freunde	2–6	2–3	Fantasie	**85**
Da stimmt was nicht!	2–10	3–4	Thema frei wählbar	**119**
Tierball	4–10	3–4	Tiere	**128**
Wenn das A das O austrickst	2–6	4–6	Thema frei wählbar	**146**
Aus kurz mach lang	2–6	4–6	Thema frei wählbar	**147**
Wie heißt das Wort?	2–6	4–6	Thema frei wählbar	**148**
Stimmt der Laut?	2–6	4–6	Thema frei wählbar	**148**
Panguin, Gureffe, Olifant	4–10	4–6	Tiere	**151**
Lieder				
Backe, backe, Kuchen	2	0–1	Backen	**28**
Bajuschki baju	2–6	1–2	Schlaflied	**45**
Summ, summ, summ	2–6	1–2	Tiere	**52**
Was müssen das für Bäume sein	2–6	1–2	Bewegungslied	**53**
Bruder Jakob	2–6	1–2	Glockengeläut	**54**
Lippenspiele				
Knopfspiel	2	1–2	Mund	**56**
Lippenlied	2–6	2–3	Mund	**81**
Schleckermaul	2–6	2–3	Mund, Geschmack	**82**
Schnäbeln	2–6	2–3	Mund	**82**
Küsschen	2–6	2–3	Mund	**82**
Pip, pap, pep	2–6	3–4	Mund	**116**
Malspiele				
Papierkind	2–6	3–4	Körper	**101**
Welche Farbe hat deine Hand?	2–20	3–4	Farben	**121**
Das Haus vom Nikolaus	2–6	4–6	Sprechzeichnen	**135**
Malreime	2–6	4–6	Sprechzeichnen	**135**
Lustige Männchen malen	2–4	4–6	Menschen, Tiere	**136**
Massagespiele				
So fühlt sich das Tüchlein an	2	0–1	Materialien	**21**
Deckenrolle	2	1–2	Körper	**44**
Eine wunderbare Straße	2	1–2	Materialien, Körper	**44**

Name des Spiels	Mitspieler	Alter	Themenkreis	Seite
Mundmassage	2	1–2	Mund	**57**
Neugierige Igelchen	2	2–3	Tiere	**65**
Spürst du den Gegenstand?	2	3–4	Materialien, Körper	**98**
Pizza backen	2	3–4	Lebensmittel	**98**
Merkspiele				
Topfgucker	2	1–2	Farben	**54**
Gepackte Taschen	2–4	1–2	Auf Reisen	**55**
Kimspiel – ganz einfach	2–4	2–3	Alltagsgegenstände	**77**
Musiker	2	2–3	Musikinstrumente	**94**
Erinnerung	2–6	3–4	Wohnen	**105**
Kaspersprache	2–4	3–4	Nonsens	**110**
Wortreihen merken	2–4	3–4	Körper	**111**
Ausgeschnitten	2	3–4	Bilder	**129**
Detektivspiel	4–10	4–6	Aussehen, Kleidung	**140**
Der grüne, alte Drache	2	4–6	Fantasie	**150**
Mimikspiele				
Grimassemo	2	0–1	Gefühle	**30**
Wie fühlt sich das Nein an?	2–6	3–4	Gefühle	**100**
Gefühle zeigen	3–8	3–4	Gefühle	**100**
Mit-Lesespiele				
Die drei Spatzen	2	4–6	Tiere	**153**
Wo sind die Tiere im Winter?	2	4–6	Tiere	**154**
Orientierungsspiele				
Kopfüber	2	1–2	Umgebung	**39**
Nach Hause	2	1–2	Schlafen gehen	**41**
Vogelfutter	2	2–3	Tiere	**68**
Blindes Vertrauen	2	3–4	Vertrauen	**104**
Blinde Kuh	2–20	3–4	Gegenstände	**120**
Blindlauf	2–20	4–6	Unterwegs	**133**
Ganz einfach – oder?	2–6	4–6	Umgebung; Entfernung	**136**
Zeit	3–8	4–6	Zeit	**137**
Pantomimespiele				
Lustige Tierzauberei	2–10	2–3	Tiere	**71**
Tätigkeiten oder Dinge raten	2–20	3–4	Alltag	**120**
Puppenspiel				
Mein Freund, das Kasperle	2–4	1–2	Alltag	**37**
Reaktionsspiele				
Seifenblasen klatschen	2–10	2–3	Hygienemittel	**72**
Ochs am Berg	6–20	3–4	Tiere, Sport	**101**
Dirigent	4–10	3–4	Musik	**102**
Schachtel-Rallye	2–4	3–4	Geschicklichkeit	**104**
Drei Elemente	4–10	4–6	Elemente	**166**

Name des Spiels	Mitspieler	Alter	Themenkreis	Seite
Rechenspiele				
Wagemut	2–6	4–6	Addieren	**170**
Glückssache	2–6	4–6	Zahlen	**170**
Weissager	2–6	4–6	Zahlen	**170**
Volle Reihe	2–6	4–6	Zahlen	**171**
Zahlen blasen	2–6	4–6	Addieren	**171**
Reimspiele				
Schlafen und segeln	2	0–1	Schlafen, unterwegs	**15**
Rissel, rassel, rüssel	2	0–1	Schlüssel	**20**
Reimfinger	2	2–3	Thema frei wählbar	**78**
Die kleine Hexe	2	2–3	Märchen	**79**
Reimwörter	2	3–4	Thema frei wählbar	**122**
Reimpaar-Hokuspokus	2–20	4–6	Thema frei wählbar	**147**
Rhythmusspiele				
Namenpercussion	2	0–1	Körper	**26**
Die Nebelfee	2–20	3–4	Fantasie	**99**
Bei Müllers hat's gebrannt	2	4–6	Feuer	**143**
Wir sagen: Si, si, si	2	4–6	Nonsens	**143**
Indianerrufe	4–20	4–6	Kommunikation	**144**
Riechspiel				
Was riechst du?	2–4	3–4	Nahrungsmittel	**121**
Silbenspiele				
Der Silbenlauf	2–20	2–3	Thema frei wählbar	**76**
Silben klatschen	2–10	3–4	Thema frei wählbar	**119**
Silbenmonster	2–20	4–6	Thema frei wählbar	**146**
Singspiele				
Alle meine Füße	2	0–1	Körper	**16**
Das Fähnlein	2	0–1	Wetter	**16**
Meine Hände sind verschwunden	2	0–1	Körper	**31**
Ri-Ra-Rutsche	2	1–2	Auf Reisen	**50**
Sprachspiele				
Holen und Bringen	2	1–2	Gegenstände	**42**
Fingerfarben	2	1–2	Farben	**54**
Schafwolle	2	2–3	Zus. Wörter	**86**
Fang die Wolle!	6–20	2–3	Thema frei wählbar	**87**
Die Würmer verstecken sich	2–10	2–3	Vergleich, Adjektive	**87**
Obstsalat	2–6	2–3	Ernährung	**90**
Zaubersack	2–10	2–3	Alltagsgegenstände	**90**
Aus eins mach mehrere	2	2–3	Mehrzahl	**91**
Auf dem Spielplatz	2	3–4	Zus. Wörter	**113**
Die kleinen Dinge angeln	2–6	3–4	Thema frei wählbar	**121**
Zusammengesetzte Wörter	2	3–4	Thema frei wählbar	**124**

Darf ich mit auf den Spielplatz?

Name des Spiels	Mitspieler	Alter	Themenkreis	Seite
Feensteine	2	3–4	Körper, Satzbau, Fälle	**125**
Kunterbuntes Domino	2–6	3–4	Thema frei wählbar	**128**
Alles, was aus Wolle ist	2–6	4–6	Oberbegriffe	**152**
Sammelwörter finden	2–6	4–6	Oberbegriffe	**152**
Welches Wort passt nicht?	2–6	4–6	Oberbegriffe	**152**
Welches Wort ist länger?	2–6	4–6	Wortgrenzen	**154**
Zauberteppich	2	4–6	Artikel	**156**
Wie muss der Satz richtig heißen?	2–6	4–6	Sätze bilden	**157**
Aus „Er“ wird „Wir“	2	4–6	Mehrzahl, Verben	**157**
Aus „Eins“ werden „Viele“	2	4–6	Mehrzahl	**157**
Gleich oder nicht?	2–6	4–6	Satzbau	**158**
Aufräumen	2	4–6	Präpositionen, Fälle	**159**
Wörter zählen	2–6	4–6	Wortgrenzen	**160**
Flieg schnell zur Lampe	2–6	4–6	Sätze bilden	**160**
Wer bin ich?	2–10	4–6	Thema frei wählbar	**161**
„Wenderedung“	2	4–6	Redewendung	**162**
Drei in einer Reihe	2	4–6	Logik	**169**
Sprechspiele				
Brummen und summen	2	1–2	Tiere	**56**
Zungenbrecher	2–10	3–4	Thema frei wählbar	**118**
Hexen-Zungenbrecher	2–10	4–6	Thema frei wählbar	**151**
Sprechverse				
Auf dem Markt	2	0–1	Einkaufen	**19**
Regentröpfchen	2	0–1	Wetter	**19**
Guten Morgen, ihr Leute	2	1–2	Anziehen	**34**
Morgenwäsche	2	1–2	Waschen	**37**
Meister Koch, Koch, Koch	2	1–2	Scherz	**50**
Frau von Hagen	2	1–2	Scherz	**52**
Einen Löffel für die Wippelmaus	2	1–2	Essen, Füttern	**60**
Jetzt krabbelt die Maus	2	2–3	Tiere	**74**
Das Huhn und der Karpfen	2–10	4–6	Tier	**142**
Eletelefon	2–10	4–6	Scherz	**142**
Die Wurzelfee	2	4–6	Fantasie	**149**
Wenn Riesen niesen	2–10	4–6	Fantasie	**151**
Suchspiele				
Zwilling gesucht	2–4	2–3	Thema frei wählbar	**77**
Würfelbeute	2–4	2–3	Farben	**79**
Farbensucher	2	2–3	Farben	**79**
Wiedererkennen	2	2–3	Bilder	**96**
Schau genau	3–6	3–4	Natur	**103**
In der Stadt	2	3–4	Stadt	**109**
Sieh es dir genau an	2	4–6	Bilder	**138**

Name des Spiels	Mitspieler	Alter	Themenkreis	Seite
Tastspiele				
Begreifen	2	0–1	Alltagsgegenstände	**18**
Gesunde Kost	2	0–1	Ernährung	**18**
Rund, weich oder kalt?	2–4	1–2	Alltagsgegenstände	**41**
Wo sitzt die Fliege?	2	2–3	Körper	**64**
Das richtige Gefühl	2–6	2–3	Alltagsgegenstände	**68**
Naturgefühl	2–6	2–3	Wald, Natur	**69**
Gut gefühlt und gehört	4–10	3–4	Körper	**103**
Blindenschrift	2–4	3–4	Sehen	**104**
Hinterrücks	4–10	3–4	Alltagsgegenstände	**105**
Tastkartenmemo	2–4	3–4	Thema frei wählbar	**110**
Rückenmaler	2–10	4–6	Bilder	**132**
Herbstspaziergang	2	4–6	Jahreszeiten	**132**
Tastlabyrinth	2–6	4–6	Gewürze	**134**
Rollen und spüren	2	4–6	Körper	**134**
Tanzspiele				
Adam hatte sieben Söhne	2	1–2	Familie	**34**
Tanz mit dem Bären	2–8	1–2	Tiere	**55**
Elefantentanz	2–8	2–3	Tiere	**67**
Zauberhafte Musik	2–8	2–3	Alltagsgegenstände	**72**
Tanzstunde	2	2–3	Tanzen	**78**
1–2–3–im Sauseschritt	2–10	3–4	Bewegung	**112**
Trostverse				
Heile, heile, Kätzchen	2	0–1	Tiere	**13**
Ein Rehlein hilft beim Wehlein	2	1–2	Tiere	**47**
Denkt euch nur, der Frosch ist krank	2	1–2	Tiere	**48**
Vorlesen und Mitspielen				
Was Bruno macht	2–6	0–1	Alltag, Tiere	**32**
Bruno im Wald	2–6	1–2	Alltag, Tiere	**62**
Ein Kuchen für Bruno	2–6	2–3	Alltag, Tiere	**89**
Aufregung um Bruno	2–6	3–4	Alltag, Tiere	**123**
Bruno und das Kunststück	2–6	4–6	Alltag, Tiere	**155**
Zungenspiele				
Der Bär und der Honigtopf	2–6	2–3	Tiere	**80**
Gummitiere „waschen“	2–6	2–3	Lebensmittel	**84**
Ein Tag bei Frau Zunge	2–6	3–4	Zunge	**114**
Mundkimspiel	2	3–4	Formen, Lebensmittel	**115**

Quellenverzeichnis

Wir haben uns bemüht, alle genuinen Rechteinhaber ausfindig zu machen.
Für den Fall, dass Rechteansprüche von Autoren oder Verlagen geltend gemacht werden, ist der Verlag dankbar für einen Hinweis.
Vielen Dank für die freundlichen Abdruckgenehmigungen folgender Autoren und Verlage (mit Angaben der Seitenzahlen in diesem Buch):

Arena Verlag GmbH, Würzburg, für „Die alte Schnecke" (35), „Wer ist denn das?" (51) und „Mein Schatz macht Rabatz" (58) von Christa Zeuch, aus: Christa Zeuch, Sitzt ein Zwerg auf dem Berg, © 2002 Arena Verlag GmbH, Würzburg

Meike Arends für diverse Spielideen (110 f., 146 f., 152, 157 f., 160), aus: Meike Arends, Holta di Polta, Übungsordner auf www.audiva.de, Audiva, Kandern.

Helga Biebricher für „Fingerpuppen basteln" (22) und „Fingerpuppen-Theater" (29).

Büro Frederik Vahle für „Bauchstreichelreim" (46).

Don Bosco Medien, München, für „Kitzelspiel" (74) aus: Maria Monschein, Spiele zur Sprachförderung, Band 1, © Don Bosco Verlag, München, 9. Auflage 2008; für „Die Katze Molly" (92) aus: Maria Monschein, Spiele zur Sprachförderung, Band 2, © Don Bosco Verlag, München, 5. Auflage 2008.

Ernst Reinhardt Verlag, München, für „Ein Tag bei Frau Zunge" (114) aus: Walburga Brügge, Katharina Mohs, Therapie der Sprachentwicklungsverzögerung. Eine Übungssammlung. 3., überarbeitete Auflage, S. 29. © 2007 Ernst Reinhardt Verlag München/Basel. „Zielgerichtetes Pusten", „Kräftiges Pusten" und „Gezieltes Pusten mit Richtungswechsel" (alles 117) aus: Walburga Brügge, Katharina Mohs, Therapie der Sprachentwicklungsverzögerung. Eine Übungssammlung. 3., überarbeitete Auflage, S. 33-35. © 2007 Ernst Reinhardt Verlag München/Basel.

Hans-Joachim Gelberg, Weinheim, für „Einen Löffel für die Wippelmaus" (60).

Ruth Guggenmos-Walter © Josef Guggenmos Erben für „Wenn das Kind nicht still sein will" (56) von Josef Guggenmos.

Gerald Jatzek für „Wenn hinter Rollen Rollen rollen ..."; „Wenn hinter Kugeln Kugeln kugeln ..."; Wenn hinter Griechen Griechen kriechen ..." (alles 161).

Kösel-Verlag, München, für Kitzelvers „Tipp, tipp, tapp" (14), „Die Maus hat rote Röckchen an" (13) nach Janosch, „Die Maus hat rote Handschuh an" (13) nach Janosch, aus: Marianne Austermann, Gesa Wohlleben, Zehn kleine Krabbelfinger, Kösel-Verlag in der Verlagsgruppe Random House, München, 27. Auflage 2008.

Max Kruse für „Die Wurzelfee" (149).

Lambertus-Verlag, Freiburg, für „Reise auf dem Luftballon“ (106 f.) und „Wort-Meditation“ (139), aus: Volker Friebel, Andrea Erkert, Sabine Friedrich: Kreative Entspannung im Kindergarten, 3. Auflage 1998.

Mehr Zeit für Kinder e.V., Frankfurt am Main, für „Penguin, Giruffe, Olofant – wer hat den falschen Ton erkannt?“ (151), aus: Sprich mit mir!, Tipps, Ideen, Informationen und viele Spiele zur Förderung der Sprachentwicklung, Hrsg.: Mehr Zeit für Kinder e.V., Deutscher Bundesverband für Logopädie, Bundesverband der Kinder- und Jugendärzte, BARMER Ersatzkasse, 2. Auflage 2004, 128 Seiten

Menschenkinder-Verlag, Münster, für „1-2-3 im Sauseschritt“ (112) von Detlev Jöcker, Lore Kleikamp

Musik-Edition Europaton, © 1950 by Peter Schaeffers Musikverlag, Hamburg, für „La-Le-Lu“ (10) von Heino Gaze.

Rowohlt Verlag, Reinbek, für „Geräusche“ (59), aus: Raimund Pousset, Fingerspiele und andere Kinkerlitzchen. © 2006 Rowohlt Taschenbuch Verlag.

Thienemann Verlag, Stuttgart, für „Ein Zauberspruch, um eine verlorene Sache wieder zu finden“ (64) von Michael Ende, Das Schnurpsenbuch, © 1979 by Thienemann Verlag (Thienemann Verlag GmbH), Stuttgart – Wien.

Vereinigte IKK, Münster, für „Ballonfahrt“, „Zeitung füßeln“,„Blindlauf“ (alles 133) aus der Broschüre Kinder in Bewegung.

Verlag Friedrich Oetinger, Hamburg, für „Verwirrung“ (162) von Paul Maar, aus: Kreuz und Rüben – Kraut und quer. Das große Paul-Maar-Buch © Verlag Friedrich Oetinger, Hamburg 2004

Verlag modernes Lernen, Dortmund, für „Knopfhalten“ (56), „Lippenlied“ (81), „Schleckermaul“ (82), „Schnäbeln“ (82), „Küsschen“ (82), „Saugpuzzle“ (83), „Schattenspiel“ (83), „Mundkimspiele“ (115) und „Lippenspiel I“ (116), aus: Iris Adams, Veronika Struck, Monika Tillmanns-Karus, Kunterbunt rund um den Mund, 8. Auflage 2006.

Verlagsgruppe Beltz, Weinheim, für „Wenn Riesen niesen“ (151) von Josef Guggenmos, aus: Hans-Joachim Gelberg (Hrsg.), Überall und neben dir. © 1986 Beltz & Gelberg in der Verlagsgruppe Beltz, Weinheim & Basel.

Gela Weigelt für „Tierlaute“ (84) und „Klatschen-stampfen“ (26).

Christa Zeuch für „Hexen-Zungenbrecher“ (151).

Die Rechteinhaber der Spiele, die mit einem * gekennzeichnet sind, konnten wir trotz intensiver Bemühungen nicht ausfindig machen.

Der Grundwortschatz für einen sicheren Schuleinstieg

Das Standardwerk von Duden für alle Eltern und Erzieher

Baum

- **Wortschatz:** Die 3000 wichtigsten Wörter und Redewendungen, die Kinder zum Start in die 1. Klasse benötigen
- **Sprachvermögen:** Szenische Illustrationen wecken Lust am Erzählen
- **Anwendung:** Mitlesegeschichten fassen den gelernten Wortschatz spielerisch zusammen
- **Hilfestellung:** Mit Ratgeber- und Informationsteil sowie praktischen Checklisten für Eltern

Für Kinder ab 2 Jahren

192 Seiten, Gebunden
ISBN 978-3-411-73021-6

Feuerwehrauto

Puppe

Haus

Kleid